Johann G. Droysen
Grundriss der Historik
Vorlesungen zur Geschichtswissenschaft und Methodik

SEVERUS Verlag

Droysen, Johann G.: Grundriss der Historik. Vorlesungen zur Geschichtswissenschaft und Methodik. Neuauflage der Ausgabe von 1899. 2022
ISBN: 978-3-86347-181-1

Umschlaggestaltung: © SEVERUS Verlag

Bibliografische Information der Deutschen Nationalbibliothek: Die Deutsche Nationalbibliothek verzeichnet diese Publikation in der Deutschen Nationalbibliografie; detaillierte bibliografische Daten sind im Internet über https://dnb.de abrufbar.

Der SEVERUS Verlag ist ein Imprint der Bedey & Thoms Media GmbH,
Hermannstal 119k, 22119 Hamburg

SEVERUS Verlag, 2022
http://www.severus-verlag.de
Gedruckt in Deutschland
Der SEVERUS Verlag übernimmt keine juristische Verantwortung oder irgendeine Haftung für evtl. fehlerhafte Angaben und deren Folgen.

Johann G. Droysen

Grundriss der Historik
Vorlesungen zur Geschichtswissenschaft und Methodik

Vorwort.

Vorlesungen über historische Encyclopädie und Methodologie, die ich seit 1857 wiederholentlich gehalten habe, veranlassten mich das Schema derselben niederzuschreiben, um den Zuhörern einen Anhalt für den Vortrag zu geben. So wurde der „Grundriss" zuerst 1858, dann wieder 1862 als Manuscript gedruckt. Häufige Nachfragen auch aus der Fremde bestimmten mich, wenn das Heftchen von Neuem gedruckt werden musste, es der Oeffentlichkeit zu übergeben. Abhaltungen und Bedenken mancher Art haben die Herausgabe bis jetzt verzögert; wenigstens zu einem einstweiligen Abschluss schien mir endlich die Arbeit reif zu sein.

Eine Einleitung, die ich dem ersten Abdruck beigefügt hatte, um die Fragen zu bezeichnen, um die es sich handelt, habe ich auch jetzt vorausgeschickt. Es sind ferner ein paar Aufsätze beigelegt, die, wie ich glaube, zur Erläuterung einiger Punkte dienen werden. Der erste: „Die Erhebung der Geschichte zum Rang einer Wissenschaft" ist in Anlass von Buckle's bekanntem Werk geschrieben und in v. Sybel's Zeitschrift 1862 abgedruckt. Der zweite: „Natur und Geschichte" wurde auf Anlass einer Discussion geschrieben, in der alle Vortheile des metaphysischen Standpunktes auf der Seite meines Gegners waren. In einem dritten Aufsatz habe ich unter dem Titel: „Kunst und Methode" nicht viel anders als eine Reihe aphoristischer Bemerkungen zusammengestellt, um die ein wenig in Vergessenheit gerathenen Grenzen zwischen Dilettantismus und Wissenschaft in Erinnerung zu bringen, Bemerkungen, von denen ein Theil bereits in einem academischen Vortrage (Monatsberichte der Königl. Acad. der Wiss., 4. Juli 1867) eine Stelle gefunden hat. Ich schwankte, ob ich einen vierten Aufsatz hinzufügen sollte, den ich als Einleitung zum zweiten Theil der Geschichte des Hellenismus 1843 in wenigen Exemplaren hatte drucken lassen, um auf Grund desselben mit wissenschaftlichen Freunden eben diese Frage der Historik zu erörtern, aus der sich mein Standpunkt zwischen der Theologie und der Philologie — den bei der Geschichte des Hellenismus nächst betheiligten Disciplinen —, mir zu rechtfertigen schien; ich habe vorgezogen, diesen Aufsatz noch zurückzulegen, da es den Leser nicht so wie mich interessiren zu können schien, auf welchen Wegen, von welchem Punkt aus ich zu den Ergebnissen gelangt bin, die ihm nun vorliegen.

Der Zweck dieser Veröffentlichung wird erreicht sein, wenn sie dazu dient, zu weiterer Erörterung der Fragen anzuregen, die sie behandelt, der Fragen von der Natur und Aufgabe, von der Methode und der Competenz unserer Wissenschaft.

Berlin, im November 1867.

Joh. Gust. Droysen.

Grundriss der Historik.

Man wird den historischen Studien die Anerkennung nicht versagen, dass auch sie in der lebhaften wissenschaftlichen Bewegung unseres Zeitalters ihre Stelle haben, dass sie thätig sind, Neues zu entdecken, das Alte neu zu durchforschen, das Gefundene in angemessener Weise darzustellen.

Aber wenn man sie nach ihrer wissenschaftlichen Rechtfertigung und ihrem Verhältniss zu anderen Formen menschlicher Erkenntniss, wenn man sie nach der Begründung ihres Verfahrens und dem Zusammenhang ihrer Aufgaben fragt, so sind sie nicht in der Lage, genügende Auskunft zu geben.

Nicht als glaubten sie sich derartiger Fragen principiell nicht bedürftig oder nicht mächtig; es ist der eine und andere Versuch sie zu lösen theils innerhalb der Geschichtsstudien selbst gemacht, theils aus anderen Disciplinen herübergenommen worden.

Man hat der Weltgeschichte eine Stelle in der encyclopädischen Philosophie angewiesen. Man hat sie, bedenklich gegen die logischen Nothwendigkeiten, um so zuversichtlicher aus den materiellen Bedingungen, aus den Zahlen der Statistik zu entwickeln empfohlen. Ein Anderer wieder — und er spricht nur theoretisch aus, was Unzählige meinen oder gemeint haben — stellt „die sogenannte Geschichte" überhaupt in Frage: „die Völker existiren ja blos in abstracto, die Einzelnen sind das Reale, die Weltgeschichte ist eigentlich blos eine zufällige Configuration und ohne metaphysische Bedeutung." Anderer Seits ist der fromme Eifer daran, freilich mehr doketisch als fromm, für den Pragmatismus der menschlichen Dinge immer neue Wunderwirkungen Gottes und seines unerforschlichen Rathschlusses zu substituiren, eine Lehre, die wenigstens den Vorzug hat „dem Verstande nichts weiter schuldig zu sein."

Innerhalb unserer Studien selbst hat bereits die Göttinger Schule des ausgehenden achtzehnten Jahrhunderts sich mit den allgemeinen Fragen beschäftigt; und sie sind seitdem von Zeit zu Zeit wieder behandelt worden. Man hat zu erweisen unternommen, dass die Geschichte „wesentlich politische Geschichte" sei und dass sich um diesen Kern die vielerlei Elementar-, Hülfs- und andere Wissenschaften unseres Fachs gruppiren. Man hat dann das Wesen der Geschichte in der Methode erkannt und diese als „Kritik der Quellen," als Herstellung der „reinen Thatsache" bezeichnet. Man hat die maassgebende Aufgabe unserer Wissenschaft in der künstlerischen Darstellung und in dem „historischen Kunstwerk" gefunden und feiert wohl als den grössten Historiker unserer Zeit denjenigen, der in seiner Darstellung dem Walter Scott'schen Roman am nächsten steht.

Der historische Sinn ist in der menschlichen Natur zu rege, als dass er nicht früh und, unter glücklichen Verhältnissen, in angemessenen Formen seinen Ausdruck hätte finden sollen; und dieser natürliche Takt ist es, der noch jetzt unseren Studien den Weg weist und die Form giebt. Aber der Anspruch der Wissenschaft dürfte sich damit nicht befriedigt erachten; es liegt ihr ob, sich über ihre Ziele, ihre Mittel, ihre Grundlagen klar zu werden. Nur so kann sie sich zur Höhe ihrer Aufgabe erheben, nur so, mit Baconischen Ausdrücken zu sprechen, die Anticipationen, die noch ihr Verfahren beherrschen, die idola theatri fori specus überseitigen, für deren Bewahrung nicht minder grosse Interessen thätig sind, als einst für Astrologie und Hexenprocesse, für den Glauben an fromme und unfromme Zauberwirkungen eintraten; — nur so wird sie über ein ungleich weiteres Gebiet menschlicher Interessen, als sie bis jetzt will und kann, ihre Competenz begründen.

Das Bedürfniss, über unsere Wissenschaft und ihre Aufgabe ins Klare zu kommen, wird jeder, der lehrend Jüngere in sie einzuführen hat, eben so wie ich empfunden, Andere werden es in anderer Weise zu befriedigen verstanden haben. Mich drängten zu solchen Untersuchungen namentlich Fragen, an denen man, weil sie in der täglichen Uebung längst gelöst scheinen, vorüberzugehen pflegt.

Das, was heute Politik ist, gehört morgen der Geschichte an; was heut ein Geschäft ist, gilt, wenn es wichtig genug war, nach einem Menschenalter für ein Stück Geschichte. Wie wird aus den Geschäften Geschichte? wo ist das Maass dafür dass sie Geschichte werden? macht den Kaufkontract, der heut zwischen Privaten abgeschlossen wird, ein Jahrtausend zu einer geschichtlichen Urkunde? Jedermann sagt, dass die Geschichte ein wichtiges Bildungsmittel sei; sie ist ein wichtiger Bestandtheil des heutigen Unterrichts. Aber warum ist sie es? in welcher Form? war sie es den Griechen der Perikleischen Zeit nicht, oder nur in andrer Form? etwa in der der Homerischen Gesänge? und wie können nationale Gedichte den Griechen, dem Hohenstaufischen Deutschland den pädagogischen Werth des geschichtlichen Unterrichts gehabt haben?

Die Beobachtung der Gegenwart lehrt uns, wie jede Thatsache von andern Gesichtspunkten aus anders aufgefasst, erzählt, in Zusammenhang gestellt wird, wie jede Handlung — im privaten Leben nicht minder wie im öffentlichen — die verschiedenartigsten Deutungen erfährt. Der vorsichtig Urtheilende wird Mühe haben, aus der Fülle so verschiedener Angaben ein nur einigermassen sichres und festes Bild des Geschehenen, des Gewollten zu gewinnen. Wird das Urtheil nach hundert Jahren aus der schon geminderten Masse von Materialien sicherer zu finden sein? führt die Quellenkritik zu mehr als zu einer Herstellung einstmaliger Auffassungen? führt sie zur „reinen Thatsache?"

Und wenn es so um den „objectiven" Inhalt der Geschichte steht, was wird dann aus der geschichtlichen Wahrheit? giebt es eine Wahrheit ohne Richtigkeit? behalten diejenigen Recht, welche die Geschichte überhaupt als eine fable convenue bezeichnen?

Ein gewisses natürliches Gefühl und die unzweifelhafte Uebereinstimmung aller Zeiten sagt uns, dass dem nicht so sei, dass in den menschlichen Dingen ein Zusammenhang, eine Wahrheit, eine Macht sei, die, je grösser und geheimnissvoller sie ist, desto mehr den Geist herausfordert, sie kennen zu lernen und zu ergründen.

Sofort schloss sich hier eine zweite Reihe von Fragen an, Fragen über das Verhältniss des Einzelnen zu dieser Macht der Geschichte, über seine Stellung zwischen ihr und den sittlichen Mächten, die ihn erfüllen und tragen, über seine Pflichten und seine höchste Pflicht; Betrachtungen, die weit über den unmittelbaren Bereich unseres Studiums hinausführten und die Gewissheit erzeugen mussten, dass deren Aufgabe nicht anders als in den grossen und grössten Zusammenhängen gefasst zu erörtern sei. Konnte der Versuch gewagt werden, diese

Erörterungen von dem Kreise von Kenntnissen und Erkenntnissen aus zu unternehmen, wie sie dem Geschichtsfreunde aus seinen Studien erwachsen? durften diese Studien wagen, eben so wie die Studien der Natur mit so glänzendem Erfolge gethan, sich auf sich selbst zu stellen? Wenn der Historiker, mit seiner nur historischen Kenntnissnahme von dem, was Philosophie, Theologie, Naturbetrachtung u. s. w. erarbeitet haben, sich in diese schwierigen Probleme einliess, so musste er sich darüber klar sein, dass er nicht speculativ dürfe sein wollen, sondern in seiner empirischen Weise, von der einfachen und sicheren Basis des Gewordenen und Erkannten aus vorzugehen habe.

In den Untersuchungen Wilhelm von Humboldt's fand ich diejenigen Gedanken, die, so schien es mir, den Weg erschlossen; er schien mir ein Bacon für die Geschichtswissenschaften. Von einem philosophischen System Humboldt's mag nicht zu sprechen sein; aber was der antike Ausdruck dem höchsten Historiker zuschreibt, ἡ σύνεσις πολιτικὴ καὶ ἡ δύναμις ἑρμηνευτική, besass er in merkwürdiger Harmonie; in seinem Denken und Forschen so wie in der grossartigen Welterfahrung eines thätigen Lebens ergab sich ihm eine Weltanschauung, welche in der starken und durchgebildeten Empfindung des Ethischen ihren Schwerpunkt hat. Den practischen und idealen Bildungen des Menschengeschlechts, namentlich den Sprachen nachgehend erkannte er die „geistig-sinnliche Natur" desselben und die im Geben und Empfangen weiterzeugende Kraft ihres Ausdrucks, — die beiden Momente, in denen die sittliche Welt, in immer neuen Polarisationen immer neue elektrische Strömungen erzeugend, gestaltend sich bewegt und sich bewegend gestaltet.

Von diesen Gedanken aus schien es mir möglich, in die Frage unsrer Wissenschaft tiefer einzudringen, ihr Verfahren und ihre Aufgabe zu begründen und aus iher erkannten Natur ihre Gestaltung im Grossen und Ganzen zu entwickeln.

Ich habe dies in den folgenden Paragraphen zu thun versucht. Sie sind aus Vorlesungen, die ich über Encyclopädie und Methodologie der Geschichte gehalten, erwachsen. Es kam mir darauf an, in diesem Grundriss die Uebersicht des Ganzen zu geben und das Einzelne nur so weit anzudeuten, als zum Verständniss und für den Zusammenhang nothwendig schien.

Jena im Mai 1858.

Einleitung.

I. Die Geschichte.

§. 1.

Natur und Geschichte sind die weitesten Begriffe, unter denen der menschliche Geist die Welt der Erscheinungen begreift. Und er fasst sie so den ihm typischen Anschauungen Raum und Zeit gemäss.

Nicht objectiv scheiden sich die Erscheinungen nach Raum und Zeit; unsre Auffassung unterscheidet sie, je nachdem die Erscheinungen sich mehr dem Raum nach, mehr der Zeit nach zu verhalten scheinen.

Bestimmtheit und Inhalt gewinnen die Begriffe Natur und Geschichte in dem Maasse, als das Nebeneinander des Seienden, das Nacheinander des Gewordenen wahrgenommen, erforscht, erkannt wird.

§. 2.

Die rastlose Bewegung in der Welt der Erscheinungen lässt uns die Dinge als im steten Werden auffassen, mag das Werden der Einen sich periodisch zu wiederholen, das der Andern sich in der Wiederholung summirend in rastloser Steigerung zu wachsen scheinen (ἐπίδοσις εἰς αὑτό Arist. de anim. II. 5. 7.)

In denjenigen Erscheinungen, in welchen sich uns ein solches Fortschreiten zeigt, gilt uns das Nacheinander, das Moment der Zeit als das Maassgebende. Sie fassen wir auf und zusammen als Geschichte.

§. 3.

Dem menschlichen Auge erscheint nur das Menschliche in stets fortschreitender Steigerung. Und die Summirung derselben ist die sittliche Welt. Nur auf diese, oder doch vor Allem auf diese, wird der Ausdruck Geschichte angewandt.

§. 4.

Die Geschichte ist ein Ergebniss empirischen Wahrnehmens, Erfahrens und Forschens (ἱστορία).

Die unmittelbare Wahrnehmung, die subjective Auffassung des Wahrgenommenen zu prüfen, zu verificiren, zu objectiver Kenntniss umzuformen, ist die Aufgabe der historischen Wissenschaft.

§. 5.

Alle empirische Wahrnehmung und Forschung bestimmt sich nach den Gegebenheiten, auf die sie gerichtet ist. Und sie kann sich nur auf solche richten, die ihr zu unmittelbarer, zu sinnlicher Wahrnehmbarkeit gegenwärtig sind.

Das Gegebene für die historische Forschung sind nicht die Vergangenheiten, denn diese sind vergangen; sondern das von ihnen in dem Jetzt und Hier noch Unvergangene, mögen es Erinnerungen von dem, was war und geschah, oder Ueberreste des Gewesenen und Geschehenen sein.

§. 6.

Jeder Punkt in der Gegenwart ist ein gewordener. Was er war und wie er wurde, ist vergangen; aber seine Vergangenheit ist ideell in ihm.

Aber nur ideell, erloschene Züge, latente Scheine; ungewusst sind sie da, als wären sie nicht da.

Der forschende Blick, der Blick der Forschung vermag sie zu erwecken, wieder aufleben, in das leere Dunkel der Vergangenheiten zurückleuchten zu lassen.

Nicht die Vergangenheiten werden hell, sondern was von ihnen noch unvergangen ist. Diese erweckten Scheine sind ideell die Vergangenheit, sind das geistige Gegenbild der Vergangenheit.

Der endliche Geist hat nur das Jetzt und Hier. Aber diese dürftige Enge seines Seins erweitert er sich vorwärts mit seinen Hoffnungen und Zwecken, rückwärts mit der Fülle seiner Erinnerungen. So ideell die Zukunft und die Vergangenheit in sich zusammenschliessend, hat er ein Analogon der Ewigkeit.

Er umleuchtet seine Gegenwart mit den Bildern der Vergangenheit, die kein Sein und keine Dauer hat, ausser im Geist und durch ihn. Die Erinnerung schafft ihm die Formen und die Stoffe seiner geistigen Welt. (μνήμην ἁπάντων μουσομήτορ᾽ ἐργάνην. Aeschyl. Prom 470).

§. 7.

Nur was Menschengeist und Menschensinn gestaltet, geprägt, berührt hat, nur die Menschenspur leuchtet uns wieder auf.

Prägend, formend, ordnend, in jeder Aeusserung giebt der Mensch einen Ausdruck seines individuellen Wesens, seines Ich. Was von solchen Ausdrücken und Abdrücken irgendwie, irgendwo vorhanden ist, spricht zu uns, ist uns verständlich.

II. Die historische Methode.

§. 8.

Die Methode der historischen Forschung ist bestimmt durch den morphologischen Charakter ihres Materials.

Das Wesen der historischen Methode ist forschend zu verstehn.

§. 9.

Die Möglichkeit des Verstehens beruht in der uns congenialen Art der Aeusserungen, die als historisches Material vorliegen.

Sie ist dadurch bedingt, dass die geistig-sinnliche Natur des Menschen jeden inneren Vorgang zu sinnlicher Wahrnehmbarkeit äussert, in jeder Aeusserung innere Vorgänge spiegelt. Wahrgenommen erregt die Aeusserung, sich in das Innere des Wahrnehmenden projicirend, den gleichen inneren Vorgang. Den Schrei der Angst vernehmend, empfinden wir die Angst des Schreienden u. s. w.

Das Thier, die Pflanze, die Dinge der unorganischen Welt verstehen wir nur zum Theil, nur in gewisser Weise, nach gewissen Beziehungen, nicht in ihrem individuellen Sein. Indem wir sie nach jenen Beziehungen fassen, sind wir unbedenklich, sie in ihrem individuellen Sein zu negiren, sie zu zerlegen, zu zerstören, sie zu brauchen und zu verbrauchen.

Nur den Menschen, menschlichen Aeusserungen gegenüber sind wir und fühlen wir uns als unmittelbar gleich; sie sind uns verständlich. (ἴσος, ἴσημι, ἴστας?)

§. 10.

Die einzelne Aeusserung wird verstanden als Eine Aeusserung des Innern und in der Projection auf dies Innere; das Innere wird verstanden in dem Beispiel dieser Aeusserung, als eine centrale Kraft, die, in sich gleichartig, wie in jeder ihrer peripherischen Erscheinungen so in dieser sich darstellt,

Das Einzelne wird verstanden in dem Ganzen und das Ganze aus dem Einzelnen,

Der Verstehende, weil er ein Ich, eine Totalität in sich ist, wie der, den er zu verstehen hat, ergänzt sich dessen Totalität aus der einzelnen Aeusserung, und die einzelne Aeusserung aus dessen Totalität.

Das Verstehen ist ebenso synthetisch wie analytisch, ebenso Induction wie Deduction.

§. 11.

Von dem logischen Mechanismus des Verstehens unterscheidet sich der Act des Verständnisses. Dieser erfolgt unter den dargelegten Bedingungen als unmittelbare Intuition, als ein schöpferischer Act, wie der Lichtfunken zwischen den sich nahenden electrophoren Körpern, wie das Empfängniss in der Begattung.

§. 12.

Der Mensch wird, was er seiner Anlage nach ist, Totalität in sich, erst in dem Verstehen Anderer, in dem Verstandenwerden von Andern, in den sittlichen Gemeinsamkeiten (Familie, Staat, Volk u. s. w.).

Der Einzelne wird nur relativ Totalität; verstehend und verstanden ist er nur wie ein Ausdruck der Gemeinsamkeit, deren Glied er ist und an deren Wesen und Werden er Theil hat, — er selbst nur wie Ein Ausdruck dieses Wesens und Werdens.

Die Gesammtheit der Zeiten, Völker u. s. w. ist nur wie Ein Ausdruck der absoluten Totalität.

Aus der Geschichte, auch aus ihr lernen wir Gott verstehen; und nur in Gott können wir die Geschichte verstehen.

Deus est principium, medium et finis . . . caetera quae dicuntur esse, theophaniae sunt. Scot. Erig. de div. nat. III. 4. p. 103.

§. 13.

Die falsche Alternative der materialistischen und idealistischen Weltanschauung, versöhnt sich in der historischen Weltanschauung. Denn das Wesen der sittlichen d. h. der geschichtlichen Welt ist, dass sich in jedem Augenblick jener Gegensatz versöhnt, um sich zu erneuen, sich erneut, um sich zu versöhnen.

§. 14.

Nach den Objecten und nach der Natur des menschlichen Denkens sind die drei möglichen wissenschaftlichen Methoden: die (philosophisch oder theologisch) speculative, die mathematisch-physikalische, die historische.

Ihr Wesen ist: zu erkennen, zu erklären, zu verstehen.

Daher der alte Canon der Wissenschaften: Logik, Physik, Ethik: — nicht drei Wege zu Einem Ziel, sondern die drei Seiten eines Prisma, wenn das menschliche Auge das ewige Licht, dessen Glanz es nicht zu ertragen vermag, im Farbenwiederschein ahnen will.

§. 15.

Die sittliche Welt, rastlos von vielen Zwecken und schliesslich von dem Zweck der Zwecke bewegt, ist eine rastlos wachsende, sich weiter zeugende (ad ora ad ora come l'uom s'eterna. Dante Inf. XV. 84).

Die sittliche Welt, unter dem Gesichtspunkte ihres Werdens und Wachsens betrachtet, ist die Geschichte. Mit jedem Schritt weiter in diesem Werden und Wachsen erweitert und vertieft sich ihr Verständniss, d. i. ihr Verstandenwerden und ihr Verstehen; das Wissen von ihr ist sie selbst; sie hat rastlos neu arbeitend ihre Forschungen zu vertiefen, ihren Gesichtskreis zu erweitern.

Die geschichtlichen Dinge haben ihre Wahrheit in den sittlichen Mächten, (wie die natürlichen in den physikalischen u. s. w. Gesetzen); sie sind deren jeweilige Verwirklichungen.

Historisch Denken heisst in diesen Wirklichkeiten ihre Wahrheit sehen.

III. Die Aufgabe der Historik.

§. 16.

Die Historik ist nicht eine Encyclopädie der historischen Wissenschaften, nicht eine Philosophie (oder Theologie) der Geschichte, noch eine Physik der sittlichen Welt, am wenigsten eine Poetik für die Geschichtsschreibung.

Sie muss sich die Aufgabe stellen, ein Organon des historischen Denkens und Forschens zu sein.

§. 17.

Die Geschichte dieser Aufgabe von Thukydides und Isocrates bis Leibniz und Lessing. Der Kern der Frage. Sie ist zuerst von W. v. Humboldt präcisirt.

§. 18.

Die Historik umfasst die Methodik des historischen Forschens, die Systematik des historisch Erforschbaren.

Die Methodik.

§. 19.

Das historische Forschen setzt die Reflection voraus, dass auch der Inhalt unsres Ich ein vermittelter, gewordener, ein historisches Resultat ist. Die erkannte Thatsache der Vermittelung ist die Erinnerung (ἀνάμνησις).

Unser Wissen ist zunächst Empfangenes, Ueberkommenes, — unser, als wäre es nicht unser. Es ist ein weiter Schritt bis zu dem sich frei Fühlen und frei Schalten mit diesem Wissen.

Aus der Totalität dessen, was wir so haben, aus unserer Auffassung und Empfindung dieses unsers Inhalts und unsrer Selbstempfindung in ihm erzeugt sich uns (§. 10) eine neue Vorstellung des Ganzen, eines Theils, eines einzelnen Momentes.

Sie entsteht uns unwillkührlich, unmittelbar. Aber ist es so, wie sie es uns zeigt? Ihrer gewiss zu sein, müssen wir ihre Vermittlungen erforschen, sie prüfen, klären, erweisen.

I. Die Heuristik.

§. 20.

Der Ausgangspunkt des Forschens ist die historische Frage (§. 19). Wie sie beantworten?

Die Heuristik schafft den Stoff zur historischen Arbeit herbei, sie ist die Bergmannskunst, zu finden und ans Licht zu holen, „die Arbeit unter der Erde" (Niebuhr).

§. 21.

Historisches Material ist theils, was aus jener Gegenwart, deren Verständniss wir suchen, noch unmittelbar übrig ist (Ueberreste), theils, was davon in die Vorstellungen der Menschen übergegangen und zum Zweck der Erinnerung überliefert ist (Quellen), theils eine Verbindung beider Formen (Denkmäler).

§. 22.

In der Fülle der Ueberreste kann man unterscheiden:
a) Werke menschlicher Formgebung (künstlerische, technische u. s. w.).
b) Zustände sittlicher Gemeinsamkeiten (Sitten, Gesetze, staatliche, kirchliche Ordnungen u. s. w.).
c) Darlegung von Gedachtem (Literaturen, Mythologeme, auch Geschichtswerke als Producte ihrer Zeit).
d) Geschäftliche Papiere (Acten, Correspondenzen, Berichte u. s. w.).

§. 23.

Ueberreste, bei deren Hervorbringung zu andern Zwecken die Absicht der Erinnerung mitwirkte, sind Denkmäler.

So die Urkunden, die den Abschluss eines Geschäftes für die Zukunft bezeugen.

Dann Kunstwerke aller Art, Inschriften, Medaillen, in gewissem Sinn die Münzen u. s. w.

Endlich jede monumentale Bezeichnung bis zum Grenzstein, bis zu den Titeln, Wappen und Namen herab.

§. 24.

In den Quellen sind die Vergangenheiten, wie menschliches Verständniss sie aufgefasst und geformt hat, zum Zweck der Erinnerung überliefert.

Jede Erinnerung, so lange sie nicht äusserlich (in gebundener Form, schriftlich u. s. w.) fixirt ist, lebt mit und wandelt sich um mit dem Vorstellungskreise derer, die sie pflegen (so die Tradition in der Römischen Kirche).

Nur quantitativ unterscheidet sich mündliche und schriftliche Ueberlieferung.

§. 25.

Die Auffassung der Quellen kann entweder überwiegend subjectiv sein oder möglichst sachgemäss (pragmatisch) sein wollen.

Zu der subjectiven Reihe gehören: a) theils solche, in denen die Auffassung durch die vorherrschende Phantasie oder Empfindung getrübt ist (Volkssage, historische Lieder); b) theils solche, in denen das Sachliche nur als Stoff anderweitiger Argumentationen oder Contemplationen dient (Staatsreden, publicistische Schriften u. s. w., die Propheten, Dante, Aristophanes u. s. w.).

In der pragmatischen Reihe werden sich theils die mehr referirenden und die mehr combinirenden unterscheiden lassen, theils wird der Zweck der Auffassung auch die Art derselben mitbestimmen; denn die Auffassung ist eine andere, je nachdem sie für die eigene Erinnerung oder für Andere, für Einen oder Wenige oder Alle, für die Mitwelt oder Nachwelt, zur Belehrung, zur Unterhaltung oder zu geschäftlichen Zwecken bestimmt ist.

Die sogenannten abgeleiteten Quellen sind Auffassungen von Auffassungen.

§. 26.

Aus der historischen Frage ergiebt sich, welche Ueberreste, Denkmäler, Quellen zu ihrer Beantwortung heranzuziehen sind.

Die Kunst der Heuristik ist, das historische Material zu ergänzen und zu erweitern, und zwar:

a) durch divinatorisches Suchen und Entdecken;
b) durch Combination, die, was nicht historisches Material zu sein scheint, durch richtige Einreihung dazu macht;
c) durch Analogie, welche den unter ähnlichen Bedingungen ähnlichen Verlauf zur Aufklärung verwendet;
d) durch Hypothese, deren Beweis die Evidenz des Ergebnisses ist.

§. 27.

Die Heuristik wie jede weitere methodische Thätigkeit setzt die stete Mitthätigkeit der anderen voraus.

Alles historische und sonst einschlägliche Wissen — sprachliches wie sachliches — ist für jede derselben Hülfswissenschaft.

II. Die Kritik.

§. 28.

Die Kritik sucht nicht die „eigentliche historische Thatsache"; denn jede sogenannte Thatsache ist, abgesehen von den Mitteln, Zusammenhängen, Bedingungen, Zwecken, die mitthätig waren, ein Complex von oft unzähligen Willensacten, die, als solche mit dem Moment, dem sie angehörten, vergangen, nur noch entweder in den Ueberresten von dem, was damals und damit geformt und gethan wurde, oder in Auffassungen und Erinnerungen vorliegen.

§. 29.

Die Aufgabe der Kritik ist zu bestimmen, in welchem Verhältniss das vorliegende historische Material zu den Willensacten steht, von denen es Zeugniss giebt.

Die Formen der Kritik bestimmen sich nach dem Verhältniss des zu prüfenden Materials zu den Willensacten, von denen es seine Formung erhielt.

§. 30.

a) Es fragt sich, ob dies Material wirklich das ist, wofür es gehalten wird oder gehalten werden will; darauf antwortet die Kritik der Aechtheit.

Vollständig ist der Beweis der Unächtheit, wenn die Zeit, der Ursprung, der Zweck der Fälschung nachgewiesen ist; und das Unächte kann, so verificirt, anderweitig ein wichtiges historisches Material werden.

Eine Anwendung der Kritik der Aechtheit für einen bestimmten Bereich von Materialien ist die Diplomatik, die Prüfung der Aechtheit nach äusseren Kennzeichen, im Gegensatz zu der sog. höheren Kritik.

§. 31.

b) Es fragt sich, ob dies Material noch unverändert das ist, was es war und sein wollte, oder welche Veränderungen an demselben zu erkennen und ausser Rechnung zu stellen sind; darauf antwortet die Kritik des Früheren und Späteren (das diakritische Verfahren).

Das Ergebniss dieses Verfahrens ist in der Regel der Nachweis einer Entwickelung, in der sich die zerlegten Theile gegenseitig erläutern und verificiren.

§. 32.

c) Es fragt sich, ob das Material, da es wurde, das gab und geben konnte, wofür es als Beleg gehalten wird oder gehalten werden will, oder ob es gleich, da es wurde, nur theilweise, nur relativ richtig sein konnte oder wollte. Darauf antwortet die Kritik des Richtigen.

Diese Form der Kritik hat an das vorliegende Material die Frage zu richten:
1) ob das Berichtete nach dem Maass menschlicher Erfahrung an sich möglich ist;
2) ob es unter den angegebenen Bedingungen und Umständen möglich ist;

in beiden Fällen misst die Kritik an den aufgefassten Objecten die Auffassung und ihre Richtigkeit;

3) ob in den Motiven, den Zwecken, den persönlichen Verhältnissen der Berichtenden eine Trübung der Auffassung erkennbar ist;
4) ob in der Unzulänglichkeit der Mittel zum Beobachten und Auffassen (Erhebung) Unrichtigkeit unvermeidlich war,

in diesen beiden Fällen misst die Kritik an dem Verfahren, gleichsam an dem Instrument der Auffassung, diese Auffassung und ihre Richtigkeit.

§. 33.

Die Anwendung der Kritik des Richtigen auf die Quellen ist die Quellenkritik.

Wenn in der Regel die Quellenkritik so verstanden wird, als sei sie der Nachweis, wie ein Autor andere benutzt hat, so ist das nur ein gelegentliches Mittel — eins unter anderen — ihre Aufgabe zu lösen oder vorzubereiten.

Die Quellenkritik unterscheidet:
a) was diese Quelle aufgefasst hat und darstellend reproducirt (Ereignisse, Thaten, Geschäfte, Urkunden u. s. w.);

b) welche allgemeine Färbung sie durch den damals und dort herrschenden Vorstellungskreis erhalten hat (z. B. die dämonologische Färbung im fünfzehnten Jahrhundert);

c) welche individuelle Färbung dem Darsteller selbst„ nach seiner Tendenz, seiner Parteiansicht, seinem Charakter u. s. w. zugehört.

§. 34.

Nicht das wüste Durcheinander der gleichzeitigen Nachrichten, Gerüchte, Meinungen ist die erste Quelle; es ist nur der sich täglich wiederholende atmosphärische Process der aufsteigenden und sich niederschlagenden Dünste, aus denen die Quellen werden.

In der Regel beherrscht die erste historische Zusammenfassung die weitere Ueberlieferung.

Im glücklichsten Fall erfolgt sie in der historischen Gegenwart der Ereignisse, die sie behandelt, d. h. bevor die erfolgten Wirkungen derselben die Auffassung von den wirkenden Thatsachen und Personen verändert haben, oder durch ein neues epochemachendes Ereigniss eine neue Gedankenwelt erzeugt ist.

§. 35.

d. Es fragt sich, ob das Material, wie es vorliegt, noch alle Momente enthält, von denen die Forschung Zeugniss sucht, oder in welchem Maasse es unvollständig ist. Darauf antwortet die kritische Ordnung des verificirten Materials.

Immer oder fast immer liegen nur Einzelheiten aus den einstigen Wirklichkeiten, nur einzelne Auffassungen von dem, was war und geschah, noch vor. Jedes historische Material ist lückenhaft, und die Schärfe in der Bezeichnung der Lücken ist das Maass für die Sicherheit der Forschung.

Die kritische Ordnung hat nicht blos den Gesichtspunkt der Zeitfolge zu verfolgen (Regesten). Nach je mannigfacheren Gesichtspunkten sie dieselben Materialien zu gruppiren versteht, desto mehr feste Punkte werden die sich kreuzenden Linien ergeben.

§. 36.

Das Ergebniss der Kritik ist nicht „die eigentliche historische

Thatsache", sondern dass das Material fertig gemacht ist, aus dem das geistige Gegenbild derselben zu gewinnen ist.

Die Gewissenhaftigkeit, die über die Resultate der Kritik nicht hinausgehen will, irrt darin, dass sie nicht beachtet, wie sie der Phantasie überlässt mit ihnen weiter zu arbeiten, statt auch für diese weitere Arbeit ihre Regel zu finden.

III. Die Interpretation.

§. 37.

Weder die Kritik sucht, noch die Interpretation fordert die Anfänge. In der sittlichen Welt ist nichts unvermittelt.

Die historische Forschung will nicht erklären, d. h. aus dem Früheren das Spätere wie nach logischer Nothwendigkeit ableiten, sondern verstehen.

Läge die logische Nothwendigkeit des Späteren in dem Früheren, so wäre statt der sittlichen Welt ein Analogon der ewigen Materie und des Stoffwechsels.

Wäre das geschichtliche Leben nur Wiedererzeugung des immer Gleichen, so wäre es ohne Freiheit und Verantwortlichkeit, ohne sittlichen Inhalt, nur organischer Natur.

§. 38.

Wie sich im Gehen vereint: a) der Mechanismus der schreitenden Glieder; b) die durch die Ebenheit oder Unebenheit, Glätte, Härte u. s. w. des Bodens bedingte Spannung der Muskeln; c) der Wille, welcher den Körper bewegt; d) der Zweck des Wollenden, um dess Willen er geht, — so nach vier Gesichtspunkten vollzieht sich die Interpretation.

Dass einseitig der eine oder andere hervorgehoben, als wesentlich, als ausschliesslich bestimmend zur Geltung gebracht wird, ist die Quelle vieler theoretischer und practischer Irrthümer, ist doctrinär. Denn das Wesen des Doctrinarismus ist, dem Resultat einseitiger und unvollständiger Beobachtung den Werth eines normativen Abschlusses zu geben

§. 39.

a) Die **pragmatische Interpretation** fasst den kritischen Thatbestand, d. h. die in der Kritik festgestellten und geordneten Reste und Auffassungen des einst wirklichen Sachverhaltes auf, um nach dem in der Natur der Sache liegenden Causalnexus das äussere Bild des einst wirklichen Sachverhaltes zu reconstruiren.

Bei reichlichem Material genügt das einfache **demonstrative Verfahren**.

Bei **mangelhaftem** Material führt die uns aus ähnlichen Fällen **bekannte Natur** der Sache zur **Analogie**, d. h. zu einer Gleichung zwischen dem Bekannten und diesem x.

Die Analogie zwischen zwei x, so weit sie sich gegenseitig ergänzen, wird zum **comparativen Verfahren**.

Die Voraussetzung eines Zusammenhanges, in dem das fragmentarisch Vorliegende sich als in die Curve dieses Zusammenhanges passend zeigt und so durch Evidenz bestätigt, ist die **Hypothese**.

§. 40.

b) Die **Interpretation der Bedingungen** gründet sich darauf, dass die Bedingungen ideell in dem einst wirklichen Sachverhalt, der durch sie möglich wurde und so wurde, enthalten waren, und, wie fragmentarisch immer, in dessen Resten und Auffassungen noch sein werden.

(Wie z. E. die an sich unschöne Stellung des Borghesischen Fechters die Raumbedingungen, für welche die Statue bestimmt war, erkennen lässt.)

Die Bedingungen des **Raumes** erläutern sich aus der Geographie (des Kriegstheaters, des Schlachtfeldes, der Thalbildungen Griechenlands, der Marschen Norddeutschlands u. s. w.).

Die Bedingungen der **Zeit** zerlegen sich in den **gewordenen Zustand**, in den die Thatsache eintrat, und in die **Gleichzeitigkeiten**, die mehr oder minder maassgebend mit einwirkten.

Eine dritte Reihe von Bedingungen sind die **Mittel**, materielle wie moralische, mit denen der Sachverlauf ermöglicht und verwirklicht wurde.

In dem Bereich der materiellen Mittel liegt die Mannigfaltigkeit von Stoffen und Werkzeugen (das unermessliche Feld der technologischen Interpretation, das fast noch unberührt ist); in dem der moralischen auch die Leidenschaften der Menschen, Stimmungen der Massen, herrschende Vorurtheile oder Meinungen u. s. w.

§. 41.

Die psychologische Interpretation sucht in dem Sachverlauf die Willensacte, die ihn hervorbrachten.

Sie mag die Wollenden und ihr Wollen erkennen, so weit es in den Zusammenhang dieses Sachverlaufes einschlug. Aber weder gingen die Wollenden ganz in diesem Einen auf, noch ist das, was wird, nur durch die Wollenden; es ist weder der reine, noch der ganze Ausdruck ihrer Persönlichkeit.

Jeder Einzelne hat seine Welt, deren Mittelpunkt sein Ich ist. In dies Heiligthum dringt der Blick der Forschung nicht.

Wohl versteht der Mensch den Menschen, aber nur peripherisch; er nimmt seine That, seine Rede, seine Miene wahr, aber immer nur diese eine, diesen Moment. Beweisen, dass er ihn richtig, dass er ihn ganz verstanden, kann er nicht. Ein Anderes ist, dass der Freund an den Freund glaubt, dass in der Liebe der Eine des Andern wahres Ich als dessen Bild festhält: so musst Du sein, denn so verstehe ich Dich. Das ist das Geheimniss aller Erziehung.

Die Dichter (Shakespeare) entwickeln aus den Charakteren der Personen den Sachverlauf, den sie darstellen; sie dichten zu dem Ereigniss die psychologische Interpretation desselben. In der Wirklichkeit wirken noch andere Momente als die Persönlichkeit.

Die Dinge gehen ihren Gang trotz des guten oder bösen Willens derer, durch welche sie sich vollziehen.

§. 42.

Die Interpretation der Ideen füllt die Lücke, welche die psychologische Interpretation lässt.

Denn der Einzelne auferbaut sich seine Welt in dem Maass, als er an den sittlichen Mächten (§. 60) Theil hat. Diese an seinem Theil zu verwirklichen ist der nächst höhere Zweck seines Lebens.

Die Ideen der sittlichen Welt sind an sich in der menschlichen

Natur; aber sie entfalten sich erst in der fortschreitenden Geschichte; ihre Entfaltung ist deren Werden und Wachsen.

Das ethische System irgend einer Zeit ist nur die speculative Fassung und Zusammenfassung des bis dahin Entfalteten, nur ein Mittel, nur ein Versuch, das Gewordene und Seiende nach seiner Einheit und Wahrheit zu erkennen.

Jede Zeit ist ein Complex von Verwirklichungen aller sittlichen Ideen, wie hoch oder niedrig ihre Entfaltung, wie eingehüllt noch das Höhere in dem Niederen (Staat in Familienform u. s. w.) sein mag.

§. 43.

Die Ideen in einem Sachverlauf wird man entweder nach ihrer Gleichzeitigkeit, als den ethischen Horizont, innerhalb dessen er sich vollzog, oder nach ihrer in jedem Punkt fortschreitenden Bewegung betrachten.

In der Bewegung ist bald diese, bald jene Idee voran, in momentan bestimmender Gestaltung — als Gedanke dieses Mannes, dieses Volkes u. s. w. den wesentlich weiteren Schritt zu thun.

Der Gedanke oder Gedankencomplex, den die Interpretation in einem Sachverlauf aufweiset, ist uns die Wahrheit dieses Sachverlaufes. Dieser Sachverlauf ist die Wirklichkeit, die Erscheinungsform dieser Gedanken. In diesen Gedanken verstehen wir ihn; wir verstehen aus ihm diese Gedanken.

In den Richtigkeiten des Thatbestandes haben sich die Gedanken des Sachverlaufes zu bewähren und umgekehrt.

IV. Die Darstellung.

§. 44.

Da der Geist nur dessen, was er sich gegenständlich macht, gewiss und mächtig ist, es nur hat so weit er es gestaltet, so fordert das in der Forschung Gewonnene eine entsprechende Darstellung (ἱστορίης ἀπόδειξις Herod.).

Es ist ein Irrthum, zu glauben, dass die Forschung Alles, und ihre

Darstellung unwesentlich ist; ohne sie bleibt das Erforschte unreif und ungeschlossen.

Die Formen der Darstellung bestimmen sich nicht nach der Analogie von Epos, Lyrik, Drama (Gervinus), noch nach dem Unterschied der Sachen: Staatengeschichte, Culturgeschichte u. s. w., (Wachsmuth), noch nach dem zufälligen Allerlei von Chroniken, Denkwürdigkeiten, Historien (quibus rebus agendis interfuerit is qui naret. Gellius), sondern aus Motiven der Forschung und des Forschers.

§. 45.

a) Die untersuchende Darstellung braucht die Form der Forschung, um deren Ergebniss darzulegen.

Sie ist nicht ein Referat oder Protocoll von dem Verlauf der gemachten Untersuchung, sondern sie verfährt, als sei das in der Untersuchung schon Gefundene noch erst zu finden oder zu suchen. Sie ist eine Mimesis dieses Suchens oder Findens:

entweder so, dass man von einem Ungewissen, einer Frage, einem Dilemma aus argumentirend das sichere Ergebniss sucht — wie der vor dem Gericht Plaidirende verfährt;

oder so, dass man von einer Gegebenheit aus, ihren Spuren nachgehend, immer weitere Momente findet, bis endlich das Ganze dasteht — wie der Untersuchungsrichter verfährt.

Jene Art ist überzeugender, diese anschaulicher; für beide wesentlich, dass nicht ad vocem beigebrachter Wust mehr die Gelehrsamkeit des Autors als die Sache ins Licht stelle.

§. 46.

b) Die erzählende Darstellung stellt das Erforschte als einen Sachverlauf in der Mimesis seines Werdens dar; sie reconstruirt es zu einem genetischen Bilde.

Nur scheinbar sprechen hier die „Thatsachen" selbst, allein, objectiv; sie wären stumm ohne den Erzähler, der sie sprechen lässt.

Nicht die Objectivität ist der beste Ruhm des Historikers. Seine Gerechtigkeit ist, dass er zu verstehen sucht.

Die erzählende Darstellung hat vier Hauptformen:

1) die pragmatische zeigt, wie ein schliessliches Ergebniss durch

die auf diesen Punkt hin convergirende Bewegung der Dinge wurde, so werden konnte und werden musste.

2) die **monographische** zeigt, wie eine historische Gestaltung in ihrem Werden und Wachsen sich selbst erst vertieft, durcharbeitet, gleichsam ihren Genius hervorgebracht hat.

3) die **biographische** zeigt, wie der Genius dieser historischen Gestaltung ihr Dasein, ihr Thun und Leiden von Anfang her bestimmt, in ihr sich dargelegt und bezeugt hat.

4) die **katastrophische** zeigt relativ berechtigte Mächte, Richtungen, Interessen, Parteien u. s. w. im Kampf, über den der höhere Gedanke schwebt, als dessen Momente oder Seiten sich die kämpfenden Gegensätze aufweisen. Sie zeigt, wie aus Titanenkämpfen eine neue Welt und die neuen Götter wurden.

§. 47.

c) Die **didactische Darstellung** weist dem Erforschten seine Stelle in dem Ganzen der Geschichte an, bezieht das Einzelne auf das Ganze und bewährt das Verständniss des Ganzen in dem Einzelnen.

Denn das Einzelne ist auch ein Ausdruck des Ganzen, in dessen Zusammenhang es seine Stelle hat, und ist es um so mehr, als es typischer ist. Die fortschreitende Bewegung des Ganzen concentrirt sich in den wenigen typischen Gestaltungen, welche die Träger der fortschreitenden Bewegung sind (Juden, Griechen, Römer u. s. w.).

Der Gedanke der Erziehung des Menschengeschlechts macht die Geschichte zum Mittelpunkt der Bildung. Denn das in der Geschichte der Menschheit Erarbeitete im Geist, dem Gedanken nach, als sich in sich steigernde Continuität durcharbeitet und nachgelebt haben, heisst Bildung.

Daraus entwickelt sich der historische Gang des Unterrichts — der Gang des historischen Unterrichts.

§. 48.

d) Die **discussive Darstellung** wendet die Fülle des Erforschten auf einen bestimmten Punkt der Gegenwart, ihn aufzuklären, auf eine Frage, die zu entscheiden, eine Alternative, in der ein Entschluss zu fassen, eine Erscheinung, deren Verständniss zu erschliessen ist.

Jedes Neue — nicht bloss Thatsachen der Politik, auch neue Erkenntnisse, neue Leistungen in Kunst und Wissenschaft u. s. w. — sind durch historisches Urtheilen einzureihen in den Gang der fortschreitenden Bewegung (die sog. wissenschaftliche, ästhetische, publicistische u. s. w. Kritik).

Die in der Discussion geltend zu machenden Momente liegen theils in dem Subject — also dass diese Nation, diese Macht, diese Kirche u. s. w. in ihren geschichtlichen Antecedentien so oder so bestimmt ist (z. E. jenes sint ut sunt sub non sint) — theils in den Sachen, die bedingend und bestimmend herantreten, wie denn in jedem Sachverhalt nach seinem historischen Zusammenhang seine bestimmenden Momente zu finden, aus ihrem richtigen Verständniss richtig zu deuten und zu verwerthen sind.

Das Wesen der Theorie ist, dass sie dem Resultat der summirten Gestaltungen die Form eines Postulats giebt. Je weniger sie alle Momente summirt, je einseitiger sie das eine oder andere hervorhebt, desto doctrinärer ist sie. Das fortschreitende Moment ist ein thatsächlich Neues, das hinzukommt, ist genialer Natur (§. 43).

Jeder Staat hat seine Politik. Die Discussion — auch in der Presse, im Staatsrath, im Parlament — ist um so zuverlässiger, je historischer sie ist, um so verderblicher, je mehr sie sich auf Doctrinen, auf idola theatri, fori, specus, tribus gründet.

Die grosse practische Bedeutung der historischen Studien liegt darin, dass sie — und nur sie, — dem Staat, dem Volk, dem Heere u. s. w. das Bild seiner selbst geben.

Das historische, nicht das juristische Studium ist die Grundlage für die politische (und administrative) Ausbildung. Der Staatsmann ist der practische Historiker: θεωρητικὸς τῶν ὄντων καὶ πρακτικὸς τῶν δεόντων.

Der Staat ist nur der complicirteste unter den Organismen der sittlichen Mächte; jede grosse Anstaltlichkeit fordert ähnliche discussive Selbstcontrolle: so das Kirchenregiment, die Leitung industrieller Unternehmungen u. s. w.

Die Systematik.

§. 49.

Das Gebiet der historischen Methode ist der Kosmos der sittlichen Welt.

Die sittliche Welt ist je in ihrer rastlos bewegten Gegenwart ein endloses Durcheinander von Geschäften, Zuständen, Interessen, Conflicten, Leidenschaften u. s. w. Sie kann nach vielerlei Gesichtspunkten, technischen, rechtlichen, religiösen, politischen u. s. w. betrachtet werden; sie ist ihrer eigensten Natur nach historisch; sie ist es in jeder ihrer Gestaltungen, in jedem Puls ihrer Bewegung.

Die historische Wissenschaft ist so wenig eine Photographie aller dieser Wirklichkeiten, wie die Naturwissenschaft eine Sammlung aller Einzelnheiten der natürlichen Welt. Beide Wissenschaften sind Betrachtungsweisen des menschlichen Geistes, sind dessen Formen, die sittliche, die natürliche Welt wissend zu fassen und zu haben.

Die sittliche Welt in ihrem Werden und Wachsen, in ihrer Bewegung betrachten, heisst sie geschichtlich betrachten (§. 15).

§. 50.

Das Geheimniss aller Bewegung ist ihr Zweck ($\tau\grave{o}$ $\ddot{o}\vartheta\varepsilon\nu$ $\acute{\eta}$ $\kappa\acute{\iota}\nu\eta\sigma\iota\varsigma$). Indem die geschichtliche Betrachtung in der Bewegung der sittlichen Welt deren Fortschreiten erkennt, deren Richtung verfolgt, Zweck auf Zweck sich erfüllen sieht, ahnet sie, dass in dem Zweck der Zwecke sich die Bewegung schliesst, dass das, was diese Welt bewegt, umtreibt, rastlos weiter eilen macht, dort Ruhe, Vollendung, ewige Gegenwart ist.

§. 51.

Das Böse haftet an dem endlichen Geist, ist der Schatten seiner dem Licht zugewandten Endlichkeit. Es gehört in die Oeconomie der geschichtlichen Bewegung, aber „als das im Process der Dinge Verschwindende und zum Untergang Bestimmte".

Den Dualismus von Gott und Teufel widerlegt die Geschichte.

§. 52.

Der Mensch nach seiner Gottähnlichkeit hat im Endlichen unendliches Subject, Totalität in sich, sich selber Zweck zu sein; aber nicht wie Gott auch Ursprung seiner selbst, hat er zu werden, was er sein soll.

Erst in den sittlichen Gemeinsamkeiten wird der Mensch; die sittlichen Mächte formen ihn (§. 12). Sie leben in ihm und er in ihnen.

In die schon gewordene sittliche Welt — das erste Kind schon hatte Vater und Mutter — hineingeboren, um bewusst, frei, verantwortlich zu sein, schafft sich der Mensch, jeder an seinem Theil, in und aus sittlichen Gemeinsamkeiten seine kleine Welt, die Bienenzelle seines Ich.

Jede bedingt und getragen durch die ihr nachbarlichen, sie bedingend und tragend; alle zusammen ein rastlos wachsender Bau, getragen und bedingt durch das Sein der kleinen und kleinsten Theile. „Eben die Bahn, auf welcher das Menschengeschlecht zu seiner Vollkommenheit gelangt, muss jeder einzelne Mensch durchlaufen haben" (Lessing).

§. 53.

In ihren Individuen bauend und formend, im Arbeiten werdend, schafft die Menschheit den Kosmos der sittlichen Welt.

Ihr Werk würde wie ein Gebirge von Infusorienschaalen sein ohne das rastlose Aufeinanderwirken ihrer sittlichen Gemeinsamkeiten, ohne Geschichte.

Ihr Werk würde wie Dünensand unfruchtbar und ein Spiel der Winde sein ohne das Bewusstsein der Continuität, ohne Geschichte.

Ihre Continuität würde eine nur sich wiederholende Kreisbewegung sein ohne die Gewissheit der Zwecke und des höchsten Zweckes, ohne die Theodicee der Geschichte.

Dieser höchste Zweck ist eigentlich ihr Anfang und ihr Ursprung: φαίνεται δὲ πρώτη ἡ ἀρχή, ἣν λέγομεν ἕνεκά τινος· λόγος γὰρ οὗτος· ἀρχὴ δὲ ὁ λόγος. Arist. de part. an. I. 1.

§. 54.

Die sittliche Welt ist geschichtlich zu betrachten

I. nach dem Stoff, an dem sie formt;

II. nach den Formen, in welchen sie sich gestaltet;

III. nach den Arbeitern, durch welche sie sich auferbaut,

IV. nach den Zwecken, die sich in ihrer Bewegung vollziehen.

I. Die geschichtliche Arbeit nach ihren Stoffen.

§. 55.

Der Stoff der geschichtlichen Arbeit ist das natürlich Gegebene, das geschichtlich Gewordene; beides zugleich Bedingung und Mittel für sie.

Die rastlose Erweiterung ihrer Stoffe ist das Maass ihrer Steigerung.

§. 56.

a) Die Natur erforschend und begreifend, beherrschend und zu menschlichen Zwecken umgestaltend, erhebt sie sie in die sittliche Sphäre und legt über den Erdkreis die aerugo nobilis menschlichen Wollens und Könnens.

(Entdeckungen, Erfindungen u. s. w. Anbau, Feldbau, Bergbau, Fabricationen u. s. w. Zähmung, Züchtung der Thiere u. s. w. Der Kreis der Naturwissenschaften u. s. w.

§. 57.

b) Den creatürlichen Menschen lässt sie „im Schweisse seines Angesichtes" das, was er der Anlage nach ist, erkennend werden und werdend erkennen; sie macht aus dem genus homo den geschichtlichen, d. h. sittlichen Menschen.

(Anthropologie, Ethnographie; die Frage der Racen; die Verbreitung des Menschengeschlechts u. s. w.)

§. 58.

c) Die gewordenen menschlichen Gestaltungen, Ergebnisse geschichtlicher Arbeit (Zustände), werden ihr sofort Mittel und Bedingung zu neuer Arbeit.

(Statistik. Bedürfniss und Verkehr u. s. w. Die sogenannte Culturgeschichte.)

§. 59.

d) Aus den menschlichen Zwecken, der Innigkeit oder Leidenschaft, mit der ihnen gelebt wird, formt sie ihre Triebkräfte, ihre Anreize, ihre Massenwirkungen.

(Nationalgeist, Particularismus, Fanatismus u. s. w.)

II. Die geschichtliche Arbeit nach ihren Formen.

§. 60.

Die Formen, in denen die geschichtliche Arbeit sich bewegt, sind die sittlichen Gemeinsamkeiten, deren Typen (τὸ τὶ ἦν εἶναι) als sittliche Mächte in Herz und Gewissen der Menschen sind.

'Ο δὲ μὴ δυνάμενος κοινωνεῖν ἢ μηδὲν δεόμενος δι' αὐταρκείαν .... ἢ θηρίον ἢ θεός ἐστι. Arist. Pol. 1. 1. 12.

In den sittlichen Mächten liegt die erziehende Macht der Geschichte. Und Jeder hat an dem Leben der Geschichte Theil in dem Maasse, als er an ihnen Theil hat. Die menschlichen Verhältnisse sind in dem Maasse sittlich, als sie erziehen; und sie erziehen in dem Maasse, als sie sittlich sind.

Jede dieser sittlichen Mächte schafft eine Welt für sich, beschlossen in sich, mit dem vollen Anspruch, den sittlichen Werth des Menschen zu bestimmen, ihm seinen sittlichen Inhalt zuzuführen.

Der Einzelne ist nicht ein Atom der Menschheit, eins der Molecüle, die, in unendlicher Zahl zusammengelegt, die Menschheit ergäben. Er gehört dieser Familie, diesem Volk, Staat, Glauben u. s. w. an, ist nur als deren lebendiges Glied, „wie die Hand vom Körper getrennt nicht mehr Hand ist."

§. 61.

Die Gemeinsamkeiten sind nach dem Wesen des Menschen entweder aus seinem natürlichen oder seinem idealen Bedürfniss oder zwischen beiden.

Als sittliche Mächte haben sie sowohl in sich als im Verhältniss zu andern und zu allen ihr Werden, ihre Geschichte.

§. 62.

A. In den natürlichen Gemeinsamkeiten hat das Natürliche durch ein erstes Wollen, durch Liebe, Treue, Pflicht u. s. w. ersittlicht zu werden.

Dass aus dem natürlichen Bedürfniss eine seelische Gemeinschaft, dass aus dem Triebe ein Wollen und Sollen wird, unterscheidet den Menschen von der Creatur.

Die Lehre von den angebornen Menschenrechten reducirt sich darauf, dass aus der erfüllten Pflicht eine Berechtigung erwächst. Ohne Pflicht kein Recht. Und an jedem Einzelnen sind tausendfache Verpflichtungen erfüllt, bevor er durch eigene Pflichterfüllung ein Recht zu erwerben im Stande ist.

§. 63.

a) Die Familie.

Im engsten Raum, in den creatürlichsten Formen die stärksten sittlichen Bindungen, die tiefsten Präformationen. Die Stufen der Ehe bis zur Monogamie. Die väterliche Gewalt. Der Heerd. Die sogenannte patriarchalische Ordnung.

§. 64.

b) Die Nachbarschaft.

Die ersten Frictionen im räumlichen Beieinander. Die Gründung der Gemeinde als grosse Familie. Die Markgenossenschaft, die Feldflur, die Aeltesten u. s. w.

§. 65.

c) Der Stamm.

Verwandtschaft, nicht φύσει, sondern θέσει, (πόθῳ τῆς συνόδου. Dicäarch). Der Stammheros, gentile sacra u. s. w. Geschlechterverfassung (cognationes et propinquitates, Slachten und Klüfte) u. s. w.

§. 66.

d) Das Volk.

Naturstaat. Naturreligion u. s. w. Das ethnisch-heidnische Weltalter. Die Starrheit und Beweglichkeit der Volkstypen. Die sogenannte Völkerpsychologie. Das Princip der Nationalität.

§. 67.

B. In den idealen Gemeinsamkeiten hat das Geistige, Ausdruck gewinnend, in die Wirklichkeit zu treten und, so wahrnehmbar, als gemeinsamer Schatz ein Band der Geister zu werden.

§. 68.

a) Das Sprechen und die Sprachen.

Alles Denken ist Sprechen, bewegt sich in den Schranken der gewordenen Formen. Die lautliche Mimesis (nicht blosse Nachahmung des Schalles, sondern Transposition in lautlichen Ausdruck). Das Nacheinander der sprachlichen Entwickelung in Formfülle, syntactischer Complicirung, lexicalischer Unterscheidung. Also mit Nichten „hört das Leben der Sprache auf, wo das Leben der Geschichte anfängt." Laut und Schrift. Die Denkverschiedenheit der phonetischen und Zeichensprachen.

§. 69.

b) Das Schöne und die Künste.

Die künstlerische Mimesis, gegründet auf Vertauschung von dem einen zu dem andern Sinn (die Tänzerin, die den Frühling tanzt). Das

Ideal und die Erfreulichkeit des Scheines (Rumohr). Das Technische und Musische u. s. w.

§. 70.

c) Das Wahre und die Wissenschaften.

Die wissenschaftliche Wahrheit. Die Tragweite der Methoden. Das Wesen der Skepsis, der Doctrin, der Hypothese u. s. w. Nominalismus und Realismus u. s. w.

§. 71.

d) Das Heilige und die Religionen.

Jede ein versuchter Ausdruck für die Bedürftigkeit des endlichen Seins und das Bedürfniss, sich in ein unendliches Sein mitbeschlossen zu wissen; — ein versuchter Ausdruck für die Ahnung der Gottheit, für die Empfindung der Totalität in ihr, für die Gewissheit des Absoluten. Glauben und Cultus. Religion und Theologie. Die heilige Geschichte in jeder Religion.

§. 72.

C. In den praktischen Gemeinsamkeiten bewegen sich die streitenden und streitigen Interessen, immer zugleich gebunden und getrieben durch die natürlichen Bedingnisse, immer in dem Drang oder mit der Berufung auf ideelle Ergebnisse, wenn auch nur dem eines endlich fertigen Zustandes, einer endlich gesättigten Ruhe.

§. 73.

a) Die Sphäre der Gesellschaft.

Die Gesellschaft macht den Anspruch, Jedem die Stelle zu bieten, in der die sittlichen Gemeinsamkeiten sich ihm erfüllen und er sie erfüllt.

Die Unterschiede der Classen, des Bluts, der Bildung. Herkommen und Sitte; die trägen Elemente. Die Partheien; die öffentliche Meinung u. s. w. Die sociale Republik.

§. 74.

b) Die Sphäre der Wohlfahrt.

Das Güterleben macht den Anspruch, alle Bedingungen und Mittel, welche die sittlichen Gemeinsamkeiten bewegen, zu umfassen und zu bestimmen.

Erwerb und Concurrenz, Capital und Arbeit, Reichthum und Armuth. Bewegung der Werthe. Industrialismus, Materialismus u. s. w. Der Staat des Communismus.

§. 75.

c) Die Sphäre des Rechts.

Das Recht macht den Anspruch, alle Formen, in der sich die sittlichen Gemeinsamkeiten bewegen, zu regeln und zu begründen.

Bereich der Sphäre des Rechts. „Recht muss doch Recht bleiben"; aber auch nur Recht bleiben wollen. Die Formen seiner Bethätigung; die Anwendung der historischen Methode im Prozess. Recht und Gesetzgebung u. s. w. Der Rechtsstaat.

§. 76.

d) Die Sphäre der Macht. Der Staat macht den Anspruch, die Summe, der Gesammtorganismus aller sittlichen Gemeinsamkeiten, ihr Zweck zu sein.

Der Staat ist die öffentliche Macht zu Schutz und Trutz im Innern und nach Aussen.

Im Leben des Staats und der Staaten ist die Macht so das Wesentliche, wie im Bereich der Familie die Liebe, im Bereich der Kirche der Glaube, im Bereich der Kunst das Schöne u. s. w. In der politischen Welt gilt das Gesetz der Macht wie in der Körperwelt das Gesetz der Schwere.

Nur der Staat hat die Befugniss und die Pflicht, Macht zu sein. Wo das Recht, die Wohlfahrt, die Gesellschaft, und gar die Kirche, das Volk, die Gemeinde an die Stelle der Macht tritt, ist das Wesen des Staats entweder noch nicht gefunden oder in Entartung verloren.

Die Macht ist am höchsten, wenn die vollste Arbeit, Gesundheit und Freiheit aller sittlichen Sphären sie speist. Der Staat verhält sich nicht bloss wie jede andere der sittlichen Sphären zu allen andern, sondern er umfasst sie alle, sie bewegen sich alle innerhalb seiner, unter seiner Obhut und Verantwortlichkeit, zu seinem Heil oder Verderben.

Der Staat besteht nicht aus Individuen, noch entsteht er durch deren Willen. Je roher die Form des Staats, desto mehr ist ihm Gewalt statt der Macht, desto ärmer an Freiheit ist er.

Aus dem ethnographischen Chaos krystallisirt sich Staat auf Staat; ihr gegenseitiges Verhältniss schreitet fort von dem Adversus hostem aeterna auctoritas esto zu Vertrag und friedlichem Verkehr, zum Völkerrecht; Bundesstaat, Staatenbund, Staatensystem, Weltstaatensystem sind die immer weiter greifenden Wellenkreise dieser Bewegung.

III. Die geschichtliche Arbeit nach ihren Arbeitern.

§. 77.

Alle Gestaltungen und Wechsel in der sittlichen Welt vollziehen sich durch Willensacte, ähnlich wie in der organischen Welt sich Alles aus der Zelle bildet.

Auch da durch Willensacte, wo wir sagen: der Staat, das Volk, die Kirche, die Kunst u. s. w. thut das und das.

§. 78.

Jeder Mensch ist sittliches Subject; nur dadurch ist er Mensch. Er hat sich seine sittliche Welt zu bauen.

Jeder Einzelne ist als gewordene und werdende Persönlichkeit von unendlichem Interesse, wie denn die Poesie (Roman) unersättlich ist, dies Interesse zu verfolgen und zu verwerthen.

Auch die engen und engsten menschlichen Interessen, Verhältnisse, Thätigkeiten, Gestaltungen haben einen Verlauf, eine Geschichte, sind für die, welche es angeht, geschichtlich (Specialgeschichte).

Aber über den Geschichten ist die Geschichte.

§. 79.

Wie sich diese Ehe, dies Kunstwerk, dieser Staat zu der Idee der Familie, des Schönen, der Macht verhält, so das empirische, ephemere, einzelne Ich zu dem Ich, in dem der Philosoph denkt, der Künstler schafft, der Richter richtet, der Historiker forscht.

Jenes allgemeine, das Ich der Menschheit, ist das Subject der Geschichte. Die Geschichte ist das γνῶϑι σαυτόν der Menschheit, ihr Gewissen.

§. 80.

Der Lebenspuls der geschichtlichen Bewegung ist die Freiheit.

Das Wort Freiheit ist zu andern Zeiten anders verstanden und missbraucht worden; es hat zunächst nur eine negative Bedeutung.

Freiheit heisst, an dem Theilhaben und Mitleben in jeder der sittlichen Sphären nicht gehindert, durch die eine nicht in der anderen gestört, verkürzt, von keiner ausgeschlossen zu werden.

Jede von ihnen fordert ihn ganz. In der Collision der Pflichten, in ihrem immer schmerzlichen Verlauf und oft erschütterndem Ausgang erliegt die endliche Menschennatur dem positiven Postulat der Freiheit.

§. 81.

Nicht in der falschen Alternative von Freiheit und Nothwendigkeit bewegt sich das Problem des geschichtlichen Lebens.

Das Nothwendige ist der Gegensatz von Willkür, Zufall, Zwecklosigkeit, ist das unbezwingliche Sollen des Guten, das Sittliche.

Das Freisein ist der Gegensatz von Zwang dulden, willenstodt, ichlos sein, ist das unbezwingliche Wollen des Guten, das Sittliche.

Die höchste Freiheit ist: dem höchsten Guten leben, dem Zweck der Zwecke, zu dem hin die Bewegung aller Bewegungen — und ihre Wissenschaft ist die Geschichte — gerichtet ist. Daher „die königliche Vollfreiheit des sittlichen Menschen" (Fichte); daher das Wort der Weihe: perch'io te sopra te corono e mitrio (Dante Purg. XXVII. 142.)

§. 82.

Alle Bewegung in der geschichtlichen Welt vollzieht sich, indem aus den Zuständlichkeiten sich das ideale Gegenbild, wie sie sein sollten (Gedanken) entwickeln, Charaktere, von ihnen erfüllt, sie verwirklichen.

Dies Erfülltsein ist Leidenschaft ($\pi\acute{a}\vartheta$ος), wird handelnd veranwortlich und schuldig, nach dem alten Spruch δράσαντι παϑεῖν.

§. 83.

Die Gedanken sind die Kritik dessen, was ist, und nicht ist wie es sein sollte; indem sie verwirklicht sich zu neuen Zuständen ausbreiten und zu Gewohnheit, Trägheit, Starrheit verdicken, wird von Neuem die Kritik herausgefordert und so fort.

Die Continuität dieser Gedanken, — λαμπάδα ἔχοντες διαδώσουσι ἀλλήλοις — ist die Dialektik der Geschichte (? Philosophie der Geschichte).

§. 84.

Dass aus Zuständen neue Gedanken, aus den Gedanken neue Zustände werden, ist die Arbeit der Menschen.

Die Vielen, nur ihren Interessen zugewandt, nächsten kleinen Zwecken lebend, der Gewohnheit, dem allgemeinen Strome, beliebigen Anlässen folgend, arbeiten für die Geschichte ohne Wahl und Willen, unfrei, als Masse. Sie sind die lärmenden Thyrsophoren im Festzug des Gottes, Βάκχοι δέ γε παῦροι.

In der Bewegung der sittlichen Welt die neuen Gedanken zu ahnen, auszusprechen, zu verwirklichen, ist die geschichtliche Grösse, „Namen zu geben der rollenden Zeit".

IV. Die geschichtliche Arbeit nach ihren Zwecken.

§. 85.

Alles Werden und Wachsen ist die Bewegung zu einem Zweck, der in der Bewegung sich erfüllend zu sich selbst kommen will.

In der sittlichen Welt reiht sich in unendlicher Kette von Ringen Zweck an Zweck.

Jeder dieser Zwecke hat zunächst seinen Weg und sein Werden für sich; aber zugleich ist jeder für die anderen bedingend, durch die anderen bedingt.

§. 86.

Aber der höchste, der unbedingt bedingende, bewegt alle, umschliesst alle, erklärt alle.

Aus der Selbstgewissheit unseres sittlichen Seins ergiebt sich zu den andern „Beweisen" vom Dasein Gottes der für uns beweisendste.

§. 87.

Was den Thieren, den Pflanzen ihr Gattungsbegriff — denn die Gattung ist, ἵνα τοῦ ἀεὶ καὶ τοῦ θείου μετέχωσιν — das ist dem Menschen die Geschichte.

Die Ethik ist die Lehre von den sittlichen Mächten, nicht bloss von dem persönlichen Verhalten zu ihnen und in ihnen. Die Ethik fordert die Historik.

§. 88.

Die Geschichte ist Bewusstwerden und Bewusstsein der Menschheit über sich selbst.

Die Epochen der Geschichte sind nicht die Lebensalter dieses Ich der Menschheit, — es altert nicht, es bleibt auch nicht was es war oder ist —; sondern Stadien seiner Selbsterkenntniss, Welterkenntniss, Gotterkenntniss.

§. 89.

Nach dem Maasse dieser durchmessenen Stadien wächst der menschliche Ausdruck für den Zweck der Zwecke, für die Sehnsucht nach ihm, für den Weg zu ihm.

Dass mit jedem Stadium der Ausdruck sich vertieft, erweitert, steigert, das und nur das ist das Fortschreiten der Menschheit.

§. 90.

Dem endlichen Auge ist Anfang und Ende verhüllt. Aber forschend kann es die Richtung der strömenden Bewegung erkennen. In die enge Schranke des Hier und Jetzt gebannt, erschaut es das Woher, Wohin.

Es sieht, was es sieht, erfüllt von dem Licht, in dem und aus dem Alles ist; und sein Sehen ist ein ferner Widerschein jenes Lichts.

Es ertrüge dessen Glanz nicht; aber an den durchleuchteten Sphären, die sich ihm erschliessen, den Blick übend und entflammend, ahnt es immer grössere Weiten, immer umfassendere Empyreen.

Ein Kreis in diesen Kreisen ist die Menschenwelt und ihre Geschichte; und das geschichtlich Grosse ist ein Sonnenstäubchen in der Theophanie.

§. 91.

Die Geschichte ist das Wissen der Menschheit von sich, ihre Selbstgewissheit.

Sie ist nicht „das Licht und die Wahrheit", aber ein Suchen danach, eine Predigt darauf, eine Weihe dazu; dem Johannes gleich: οὐκ ἦν τὸ φῶς, ἀλλ' ὅτι μαρτυρήσῃ περὶ τοῦ φωτός.

Beilagen.

Erhebung der Geschichte zum Rang einer Wissenschaft.

History of civilisation in England by H. T. Buckle. Vol. I. ed. 2. London 1858. Vol. II. 1861.
Geschichte der Civilisation in England von H. T. Buckle, übersetzt von A. Ruge. Bd. I. Abth. 1. 2. Bd. II. Leipzig 1860. 1861.

Unser Zeitalter rühmt sich gern, dass es wissenschaftlich freier, kühner, mit grösseren auch praktischen Erfolgen arbeite als irgend ein früheres. Und neidlos wird den Naturwissenschaften in dem, was sie leisten, und in der Art, wie sie es leisten, der Preis zugestanden.

Die Energie dieser Disciplinen besteht darin, dass sie sich ihrer Aufgaben, ihrer Mittel, ihrer Methode völlig klar bewusst sind, und dass sie die Dinge, welche sie in den Bereich ihrer Forschungen ziehen, unter den Gesichtspunkten und nur unter denen betrachten, auf welche ihre Methode gegründet ist.

Treffend bezeichnet diesen Bereich der Studien ein französischer Forscher mit folgenden oft citirten Worten: „jedesmal, wo man eine der vitalen Erscheinungen in die Classe der physicalischen versetzen kann, hat man auch eine neue Eroberung in den Wissenschaften gemacht, deren Gebiet sich eben damit erweitert; dann werden Worte durch Thatsachen, Hypothesen durch Analysen ersetzt, die Gesetze der organischen Körper fallen dann mit denen der unorganischen zusammen und werden wie diese der Erklärung und Vereinfachung fähig."

Aber dieser Ausspruch tritt in einer Allgemeinheit auf, die mehr als bedenklich ist. Oder wäre in der That nur dann eine neue Eroberung in den Wissenschaften gemacht, wenn vitale Erscheinungen in die Klasse der physikalischen versetzt worden sind? wäre in der That das Wesen und der Bereich der Wissenschaft damit richtig definirt? müssten die anderen Gebiete menschlicher Erkenntniss anerkennen nur so weit wissenschaftlicher Art zu sein, als sie im Stande sind, vitale Erscheinungen in die Classe der physikalischen zu versetzen?

Es sind nicht bloss die staunenswürdigen Leistungen und Erfolge der naturwissenschaftlichen Arbeiten, welche die Ueberzeugung verbreiten, ihre Methode sei die in vorzüglichem Maas wissenschaftliche, die allein wissenschaftliche. Es liegt in der Bildungsweise unseres Zeitalters, in dem Entwickelungsstadium, in das unsere socialen und sittlichen Zustände eingetreten sind, der tiefere Grund für die Popularität einer Betrachtungsweise, welche für die Welt der quantitativen Erscheinungen die entsprechende ist.

Buckle ist nicht der erste, welcher den Versuch gemacht hat dem unwissenschaftlichen Character der Geschichte, der ἀμέθοδος ὕλη, wie schon ein alter Schriftsteller sie nennt, dadurch beizukommen, dass ihre vitalen Erscheinungen unter Gesichtspunkte gestellt werden, welche denen, von welchen die exacten Wissenschaften ausgehen, analog sind. Aber was von Andern — etwa in der Formel des Naturwüchsigen — gelegentlich eingemengt, oder in der sehr unzulänglichen, nur metaphorischen Vorstellung des Organischen durchgeführt, was von Andern — so von Comte in der anziehenden „Philosophie positive" — speculativ entwickelt ist, unternimmt Buckle in einer umfassenden historischen Darlegung zu begründen.

Er spricht mit scharfen Ausdrücken über die „Zunft der Historiker" und ihre bisherigen Leistungen, über die Gedankenlosigkeit, mit der sie gearbeitet, die Principlosigkeit, mit der sie geforscht haben; er meint, dass nach ihrer Art zu arbeiten „jeder Schriftsteller zum Geschichtschreiber" befähigt ist; „sei derselbe auch aus Denkfaulheit oder natürlicher Beschränktheit unfähig die höchsten Zweige des Wissens zu behandeln, er braucht nur einige Jahre auf das Lesen einer gewissen Anzahl Bücher zu verwenden, und er mag die Geschichte eines grossen Volkes schreiben und in seinem Fache ein Ansehen erlangen." Er findet, dass „für alle höheren Richtungen des menschlichen Denkens die Geschichte noch in beklagenswerther Unvollkommenheit liegt und eine so verworrene und anarchische Erscheinung darbietet, wie es sich nur bei einem Gegenstand erwarten lässt, dessen Gesetze unbekannt sind, ja dessen Grund noch nicht gelegt ist."

Er gedenkt die Geschichte dadurch zu einer Wissenschaft zu erheben, dass er die historischen Thatsachen aus allgemeinen Gesetzen zu beweisen lehrt. Er bahnt sich den Weg dazu, indem er darlegt, dass die frühsten und rohsten Vorstellungen über den Verlauf der menschlichen Geschicke sich in den Begriffen Zufall und Nothwendigkeit zusammengefasst hätten, dass „höchst wahrscheinlich" aus diesen später die Dogmen vom freien Willen und von der Vorherbestimmung geworden seien, dass beide in nicht geringem Maase „Irrthümer" seien oder, so fügt er hinzu, „dass wir wenigstens keinen ausreichenden Beweis für ihre Wahrheit haben." Er findet, dass „alle Veränderungen, von denen die Geschichte voll ist, alle Wechselfälle, die das Menschengeschlecht betroffen, sein Fortschritt und sein Verfall, sein Glück und Elend die Frucht einer doppelten Wirksamkeit sein müsse, der Einwirkung äusserer Erscheinung auf unser Inneres und der Einwirkungen unseres Innern auf die äussern Erscheinungen." Er hat die Zuversicht die „Gesetze" dieser doppelten Einwirkung entdeckt, damit die Geschichte der Menschen zu einer Wissenschaft erhoben zu haben.

Buckle sieht den eigentlichen geschichtlichen Inhalt des Lebens der Menschheit in dem, was er Civilisation nennt. Er hat die Geschichte der Civilisation des Englischen, Französischen, Spanischen, Schottischen Volkes entwickelt, um an diesen Beispielen die Anwendung seiner Methode, die Richtigkeit der von ihm gefundenen Gesetze zu zeigen. Er findet diese Gesetze, wie er sagt, auf den zwei einzig möglichen Wegen, dem der Deduction und dem der Induction; auf jenem Wege, indem er nachweist, wie sich aus diesen Gesetzen die geschichtliche Entwickelung der Civilisation bei den genannten Völkern erklärt; auf diesem, indem er aus der Fülle von Thatsachen, die er in seinen Studien gesammelt hat, die massgebenden und entscheidenden zusammenfast und den sie vereinigenden höheren Ausdruck findet.

Ich gehe nicht darauf ein, seine Induction und Deduction nach dem zu ihrer Bewährung verwandten historischen Material zu untersuchen. Es könnte in seiner Art der Quellenbenutzung, in der Auswahl seiner Angaben, in der Angemessenheit seiner Zusammenstellungen immerhin Irriges, Willkührliches, Unzulängliches in Fülle vorhanden sein — wie wirklich der Fall ist — ohne dass darum die Aufgabe, die er unserer Wissenschaft stellt, die Methode, die er zu ihrer Lösung empfiehlt, an wissenschaftlichem Werth verlöre; es wäre nur der Historiker Buckle hinter dem Denker, dem Philosophen Buckle zurückgeblieben, und den Historikern von Fach würde die Aufgabe zufallen, die grosse Erfindung, die er ihnen geboten, besser zu exemplificiren und zu verwerthen, als es dem geistvollen Dilettanten in unsern Studien möglich gewesen ist.

Schon früher hat diese (v. Sybel's) Zeitschrift ein Paar lehrreiche Aufsätze mitgetheilt, in denen über das Methodische unserer Wissenschaft und über die Art und den Bereich des historischen Erkennens gehandelt ist. Wie auch sollte sie sich denjenigen Fragen verschliessen, welche, immerhin nicht bloss historischer Natur, doch von unserer Wissenschaft selbst behandelt und in ihrer Art gelöst werden müssen, wenn sie nicht Gefahr laufen will, dass ihr gleichsam von fremd her Aufgaben gestellt, Wege vorgezeichnet, Definitionen des Begriffes Wissenschaft zugeschoben werden, denen sie sich nicht fügen kann, ohne sich selbst aufzugeben, ohne auf den Beruf zu verzichten, den im Bereich der menschlichen Erkenntnisse sie zu erfüllen hat und nur sie erfüllen kann.

Man wird den historischen Studien nicht die Anerkennung versagen, dass sie an der geistigen Bewegung unseres Zeitalters einigen Antheil haben, dass sie thätig sind Neues zu entdecken, das Ueberlieferte neu zu durchforschen, das Gefundene in angemessener Weise darzustellen. Aber wenn man sie nach ihrer wissenschaftlichen Rechtfertigung und ihrem Verhältniss zu den anderen Kreisen menschlicher Erkenntniss, wenn man sie nach der Begründung ihres Verfahrens, nach dem Zusammenhang ihrer Mittel und ihrer Aufgaben fragt, so sind sie bisher nicht in der Lage, genügend Auskunft zu geben. Wie ernst und tief die Einzelnen unserer „Zunft" diese Fragen durchdacht haben mögen, unsere Wissenschaft hat ihre Theorie und ihr System noch nicht festgestellt, und vorläufig beruhigt man sich dabei, dass sie ja nicht bloss Wissenschaft, sondern auch Kunst sei und vielleicht, — wenigstens nach dem Urtheil des Publicums. — diess mehr als jenes.

Wir in Deutschland haben am wenigsten Grund, den hohen Werth der gesteigerten Technik in unsern Studien, der wachsenden Uebung und Sicherheit in der Handhabung der historischen Kritik, der Ergebnisse, die damit erzielt worden sind, zu verkennen. Die Frage, um die es sich hier handelt, ist eine andere. Ein Werk wie das Buckle's ist sehr geeignet daran zu erinnern, in welchem Maass unklar, controvers, beliebigen Meinungen ausgesetzt die Fundamente unserer Wissenschaft sind. Und der tiefe Eindruck, den dasselbe nicht bloss in dem weiten Kreise der Liebhaber jeder neuesten Paradoxie, mag sie Tischklopfen oder Phalanstere oder das Oelblatt der Friedensfreunde heissen, sondern auch auf manche jüngeren Genossen unserer Studien gemacht hat, darf uns wohl eine Mahnung sein, endlich auch für unsere Wissenschaft die Begründung zu suchen, um die uns die Naturwissenschaften seit Bacon — wenn anders er diesen Ruhm verdient — voraus sind.

Oder wäre eben das geleistet zu haben Buckle's Verdienst? hätte er den wahren Sinn und Begriff unserer Disciplinen entwickelt, den Bereich ihrer Competenzen festgestellt? wäre er der Bacon der Geschichtswissenschaften und sein Werk das Organon, das uns geschichtlich denken lehrte? wäre in der Methode, die er lehrt, die Kraft, aus den Bereichen der geschichtlichen Erkenntniss die idola specus, fori, theatri u. s. w. zu entfernen, die uns jetzt noch in der Gestalt der „Irrthümer", wie er sie nennt, vom freien Willen und der göttlichen Providenz, der Ueberschätzung des moralischen Princips im Verhältniss zum intellectuellen u. s. w. den Blick trüben? Und hätte er wirklich recht damit, wenn er sich für den interessantesten Theil seiner Fundamentalsätze, für die vom freien Willen, auf unsern Kant beruft, der wie er — das ist seine Ansicht — „die Wirklichkeit des freien Willens in der Erscheinung für eine unhaltbare Thatsache" erkannt habe? gehörte ihm damit die Priorität der jüngst in Deutschland mit so lebhaftem Accent verkündeten Entdeckung, Kant's Lehre enthalte genau das Gegentheil von dem, was man bisher in ihr zu finden geglaubt habe, das Ergebniss der Kritik der reinen Vernunft und der praktischen Vernunft sei, dass die eine so gut wie die andere in Wahrheit nicht sei?

Schon der Uebersetzer des Buckle'schen Werkes hat darauf aufmerksam gemacht, dass bis jetzt die Kantische Philosophie die äusserste Grenze sei, bis zu der sich die englischen Denker vorwagen; er nennt die Philosophie Buckle's „ein unvollkommenes Denken, welches selbst die crude Empirie als Philosophie gelten lässt;" er wirft seinem Autor „ein wahrhaft vorweltliches Bewusstsein über alles Denken trotz der Vedas, Cousins und Kants, den einzigen angeführten Nichtengländern" vor. Wenn er dennoch die von Buckle gefundenen Gesetze „als ein glänzendes durch und durch wahres Programm des Fortschrittes des menschlichen Geistes" begrüsst, und von dem „reformatorischen Beruf" spricht, den das Werk auch für Deutschland habe, so setzen uns solche Aeusserungen in nicht geringe Verlegenheit. Sollen wir, gleichsam in einer Antistrophe zu dem früher Gesagten, erklären, dass immerhin in der philosophischen Begründung der Buckle'schen Theorie Irriges und Unzulängliches, „Vorweltliches" in Fülle vorhanden sein könne, ohne dass darum die reformatorische Bedeutung seines Werkes geringer erscheine? dass derselben der philosophische Dilettantismus des Verfassers eben so wenig Eintrag thue wie der historische?

Vielleicht, dass Buckle von den schulmässigen „Anticipationen" des einen und andern Faches frei um so unbefangener die Frage nach dem Wesen der Geschichte und ihren Gesetzen erörtern, den jedem gesunden Menschenverstand einleuchtenden Weg zeigen konnte, auf dem sich „die Geschichte zu dem Range einer Wissenschaft" zu erheben habe. Er bekennt sich wiederholt dazu, ganz und nur als Empiriker beobachten und argumentiren zu wollen; und wenigstens die grossen und einfachen Grundzüge des empirischen Verfahrens sind, so scheint es, dem nur nicht durch Anticipationen getrübten Blick, dem sogenannten gesunden Menschenverstande ohne Weiteres deutlich; und nur diesen meint der englische Sprachgebrauch, wenn er die Wissenschaften, deren Lorbeern unsern Forscher nicht ruhen liessen, philosophische nennt. Buckle sagt: er hoffe „für die Geschichte des Menschen das oder doch etwas Aehnliches zu leisten, was andern Forschern in den Naturwissenschaften gelungen ist, und in der Natur sind die scheinbar unregelmässigsten und widersinnigsten Vorgänge erklärt und als im Einklange mit gewissen unwandelbaren und allgemeinen Gesetzen nachgewiesen worden; wenn wir die Vorgänge der Menschenwelt einer ähnlichen Behandlung unterwerfen, haben wir sicher alle Aussicht auf einen ähnlichen Erfolg."

Es ist von Interesse das quid pro quo zu beachten, von dem Buckle seinen Ausgang nimmt. „Wer an die Möglichkeit einer Wissenschaft der Geschichte glaubt", wie er selbst, und sie durch die Anwendung der naturwissenschaftlichen Methode begründet zu haben gewiss ist, konnte der übersehen, dass er damit die Geschichte nicht sowohl zu einer Wissenschaft erhoben, als vielmehr in den Kreis der Naturwissenschaften gestellt hat? Auch andere Wissenschaften, die Theologie, die Philosophie haben zu Zeiten, wo ihre Methoden für die allein wissenschaftlichen galten, die Geschichte, die Natur in ihre Competenz ziehen zu müssen geglaubt; aber weder die Erkenntniss der Natur noch die der Geschichte hatte in dem Maas grösseren Gewinn, als sie orthodoxer oder speculativer gesucht wurde. Giebt es denn immer nur Einen Weg, Eine Methode des Erkennens? sind die Methoden nicht je nach ihren Objecten andere und andere, wie die Sinneswerkzeuge für die verschiedenen Formen sinnlicher Wahrnehmung, wie die Organe für ihre verschiedengearteten Functionen?

„Wer an die Möglichkeit einer Wissenschaft der Geschichte glaubt," der müsste nach unserer Deutschen Art, logisch und sachgemäss zu denken, nicht die Richtigkeit dieses seines Glaubens dadurch beweisen wollen, dass er uns überzeugt, man könne auch mit den Händen gehen und mit den Füssen verdauen, man könne auch Töne sehen und Farben hören. Gewiss kann die Schwingungen einer Saite, die das Ohr als einen tiefen Ton vernimmt, auch das Auge sehn; aber es sieht Schwingungen, deren Eigenschaft, auch als Ton vernommen zu werden, doch nur dem Ohr und seiner Methode der Wahrnehmung zugänglich ist. Gewiss ist in den Bereichen, mit denen die „Wissenschaft der Geschichte" zu thun hat, Vieles, was auch der naturwissenschaftlichen Methode, Vieles, was andern und andern Formen wissenschaftlicher Erkenntniss auch zuständig oder zugänglich ist; aber nur wenn da Erscheinungen, wie viele oder wenige es denn sein mögen, wenn da Gesichtspunkte, Beziehungen übrig bleiben, die keiner der sonstigen Erkenntnissarten zugänglich sind, ist es angezeigt, dass es für sie noch eine andere, eine eigene und besondere Methode geben müsse. Wenn es eine „Wissenschaft der Geschichte", an die auch wir glauben, geben soll, so ist damit gesagt, dass es einen Kreis von Erscheinungen gebe, für die weder die theologische noch die philosophische, weder die mathematische noch die physikalische Betrachtungsweise geeignet ist, dass es Fragen gebe, auf die weder die Speculation Antwort giebt, mag sie theologisch das Absolute zu ihrem Ausgangspunkt oder philosophisch zu ihrem Zielpunkt haben, noch diejenige Empirie, die die Welt der Erscheinnngen nach ihrem quantitativen Verhalten fasst, noch irgend eine Disciplin aus den praktischen Bereichen der sittlichen Welt.

Unser Begründer der Wissenschaft der Geschichte geht mit beneidenswerther Unbefangenheit an seine Aufgabe. Er hält es nicht für nothwendig die Begriffe zu erörtern, mit denen er arbeiten will, den Bereich zu umgrenzen, in dem seine Gesetze ihre Anwendung finden. Was Wissenschaft ist, denkt er, weiss jeder, was Geschichte ist, eben so. Doch nein, er macht gelegentlich bemerklich, was sie nicht ist; er citirt mit herzlicher Zustimmung Comte phil. pos. V. p. 18, der mit Unwillen bemerkt: „die unzusammenhängende Anhäufung von Thatsachen werde ganz ungehörig als Geschichte bezeichnet". Wie denkwürdig ist dieser Satz des Französischen Denkers, wie lehrreich, dass der Englische ihn sich aneignet. Gewiss man nennt den unabsehbaren Verlauf von Thatsachen, in dem wir das Leben der Menschen, der Völker, der Menschheit sich bewegen sehen, Geschichte, wie man ja eine Gesammtheit von Erscheinungen anderer Art unter dem Namen Natur zusammenfasst. Aber hat denn irgend jemand gemeint, dass eine Sammlung von getrockneten Pflanzen Botanik, von ausgestopften oder nicht ausgestopften Thierbälgen Zoologie sei? Hat irgend jemand die Meinung gehabt, Thatsachen sammeln und, zusammenhängend oder nicht, aufhäufen zu können? Thatsachen als da sind Schlachten, Revolutionen, Handelskrisen, Städtegründungen u. s. w.? hat wirklich bisher „die Zunft der Historiker" nicht gemerkt, dass sich die Thatsachen von dem, wie wir sie wissen, unterscheiden?

Wenn Buckle uns im Dunkeln tappenden Historikern wirklich ein Licht anzünden wollte, so hätte er vor Allem sich und uns klar machen müssen, wie und mit welchem Recht sich jener Name Geschichte für eine bestimmte Reihe von Erscheinungen hat fixiren können, wie der der Natur für eine andere; er hätte zeigen müssen, was es bedeutet, dass der wunderliche Epitomator, der Menschengeist, die Erscheinungen dem Raum nach als Natur, die der Zeit nach als Geschichte zusammenfasst, nicht weil sie an sich und objectiv so sind und so sich scheiden, sondern um sie fassen und denken zu können; er würde dann erkannt haben, wie das Material beschaffen ist, mit dem eine „Wissenschaft der Geschichte" zu thun haben und arbeiten kann. Wenn er sich bewusst war, was es bedeute, ein Empiriker zu sein, so durfte er nicht unterlassen zu erörtern, in welcher Weise diese Materialien der geschichtlichen Forschung uns so gegenwärtig und zu sinnlicher Wahrnehmbarkeit vorliegen, wie es das Wesen aller Empirie fordert. Freilich würde er dann haben erkennen müssen, dass nicht die Vergangenheiten, nicht das unabsehbare Durcheinander von „Thatsachen", dass sie erfüllte, uns als Material der Forschung vorliegen, dass diese Thatsachen vielmehr mit dem Moment, dem sie angehörten, für immer vergangen sind, dass wir menschlicher Weise ja nur die Gegenwart, das Hier und Jetzt haben, freilich mit dem Triebe und der Fähigkeit, diesen ephemeren Punkt lernend, erkennend, wollend unermesslich zu entwickeln, dass unter den eigenthümlichen Vorgängen in dem Bereich des Geistes einer der merkwürdigsten derjenige ist, der es uns möglich macht, die für immer vergangenen Gegenwarten, die hinter uns liegen, wieder zu erwecken, sie in unserem Geist zu vergegenwärtigen, das heisst, nach menschlicher Art zu verewigen.

Noch auf eine zweite Reihe von Betrachtungen hätte uns Buckle führen müssen, wenn er uns und sich über den gedankenlosen Gebrauch des Wortes Geschichte und über die Anticipationen, die aus demselben stammend den Blick trüben, hätte erheben wollen. Er lässt uns in gelegentlichen Andeutungen erfahren, dass die Geschichte es mit den „Handlungen der Menschen" zu thun hat, dass sie „mit der unersättlichen Wissbegierde, welche unsere Mitmenschen betrifft", zusammenhängt; aber er unterlässt es uns zu sagen, in welcher Weise diese Handlungen der Menschen geschichtlicher Natur sind; er lässt uns im Unklaren darüber, auf welcherlei Fragen die Wissbegierde, die unsere Mitmenschen betrifft, Antwort sucht.

Es gehört nicht eben ein hoher Grad von Scharfsinn dazu, einzusehen, dass die menschlichen Handlungen, in dem Moment, da sie geschahen, und in der Meinung derer, durch welche und für welche sie geschahen, am allerwenigsten die Absicht, die Bestimmung hatten geschichtliche Thatsachen zu sein. Der Feldherr, der eine Schlacht liefert, der Staatsmann, der einen Vertrag unterhandelt, hat wirklich vollauf zu thun, um den praktischen Zweck zu erreichen, um den es sich in diesem Moment handelt; und so bis zu den kleinen und kleinsten „Handlungen der Menschen" hinab, sie alle vollziehen sich in dem unabsehbar mannigfaltigen Zusammenhang von Interessen, Conflicten, Geschäften, von Motiven, Leidenschaften, Kräften und Hemmungen, deren Gesammtheit man wohl die sittliche Welt genannt hat. Man wird diese unter sehr verschiedenartigen Gesichtspunkten betrachten können, praktischen, technischen, rechtlichen, socialen u. s. w.; endlich auch eine Betrachtungsweise der sittlichen Welt ist die geschichtliche.

Ich versage es mir die Consequenzen dieser Erörterungen darzulegen; Consequenzen, welche uns, wie der aufmerksame Leser sich selber sagen wird, zu demjenigen Punkte führen würden, an dem sich ergiebt, wie, wenn ich so sagen darf, aus den Geschäften Geschichte wird, von welcher Art die auf solche Materialien begründete, in solchem Bereich anwendbare Erkenntnissweise beschaffen sein wird, was sie leisten und nicht leisten kann, wie beschaffen die Gewissheit ist, die sie zu geben, die Wahrheit, die sie zu finden im Stande ist.

Buckle hat die Güte anzuerkennen, dass der Glaube an den Werth der Geschichte weit verbreitet, dass ein Stoff gesammelt sei, der im Ganzen ein reiches und Achtung gebietendes Ansehn habe; er schildert in grossen Zügen, welche Menge von Forschungen und Entdeckungen auf dem historischen Gebiet bereits gemacht sei; aber, fügt er hinzu, „wenn wir sagen sollen, wie dieser Stoff benutzt worden, so müssen wir ein ganz anderes Gemälde entwerfen." Wie er benutzt worden? muss denn alles exploitirt werden? ist denn die staunenswürdige Tiefe mathematischer Erkenntniss nur darum wissenschaftlich, weil der Feldmesser, der Mechaniker den einen oder andern Satz aus ihr benutzen kann? Wenn die Propheten dem Volk Israel mahnend und strafend das Bild seiner selbst vorhielten, wie anders fanden sie es als in dem Nachweis, wie der Gott der Väter sich ihnen bezeugt habe „von Aegypten her"; wenn Thukydides sein κτῆμα εἰς ἀεί schrieb, sollte er mit diesem stolzen Worte die kunstreiche Form, in der er schrieb, nicht das geschichtliche Drama, von dem er schrieb, gemeint haben? Buckle's vorwurfsvolle Frage vergisst, dass die Arbeit der Jahrhunderte das Fideicommiss jeder neuen Generation ist; worin anders besteht die von ihm selbst so hochgefeierte Civilisation, als in der summirten Arbeit derer, die vor uns waren? Alle Vergangenheiten, die ganze „Geschichte" ist ideell in der Gegenwart und dem, was sie hat, enthalten; und wenn wir uns diesen ihren idealen Gehalt zum Bewusstsein bringen, wenn wir uns, wie das, was ist, geworden ist, etwa in erzählender Form vergegenwärtigen, was thun wir da anders als die Geschichte zum Verständniss dessen, was ist, dessen, worin wir uns denkend, wollend, handelnd bewegen, benutzen? Das ist der Weg, es ist einer der Wege, das dürftige und einsame Hier und Jetzt unseres ephemeren Daseins unermesslich zu erweitern, zu bereichern, zu steigern. In dem Maasse als wir selbst — ich meine die arbeitenden Menschengeschlechter — höher steigen, erweitert sich der Horizont, den wir überschauen, und das Einzelne innerhalb desselben zeigt sich uns mit jedem neuen Standpunkt in neuen Perspectiven, in neuen und weiteren Beziehungen; die Weite unseres Horizonts ist ziemlich genau das Maass der von uns erreichten Höhe; und in demselben Maasse hat sich der Kreis der Mittel, der Bedingungen, der Aufgaben unseres Daseins erweitert. Die Geschichte giebt uns das Bewusstsein dessen, was wir sind und haben.

Es ist der Mühe werth, sich klar zu machen, dass sich in diesem Zusammenhange ergiebt, was Bildung ist und was sie uns bedeutet. Wenn Göthe sagt: „was du ererbt von deinen Vätern hast, erwirb es um es zu besitzen", so finden wir hier die Bewährung dieses dunklen Spruchs. Wie hoch immerhin die Stelle des Zeitalters, des Volkes sein mag, in das wir Einzelne hineingeboren sind, wie gross die Fülle des Ererbten, das uns ohne Weiteres zu Gute kommt, wir haben sie, als hätten wir sie nicht, so lange wir nicht durch eigene Arbeit sie erworben, sie als das, was sie ist, als das Ergebniss unablässiger Arbeit derer, die vor uns waren, erkannt haben. Das in der Geschichte der Zeiten und Völker, der Menschheit Erarbeitete im Geist, dem Gedanken nach, als Continuität durcharbeitet und durchlebt haben, heisst Bildung. Die Civilisation begnügt sich mit den Resultaten der Bildung; sie ist in der Fülle des Reichthums arm, in der Opulenz des Geniessens blasirt.

Nachdem Buckle beklagt hat, wie wenig bisher die reiche und immer wachsende „Masse von Thatsachen" benutzt worden sei, giebt er den Grund, „den eigenthümlich unglücklichen Umstand" an, der

4*

diese Erscheinung erklärt; „in allen übrigen grossen Gebieten der Forschung, sagt er, wird die Nothwendigkeit der Verallgemeinerung von Jedermann zugegeben, und wir begegnen edlen Anstrengungen, auf besondere Thatsachen gestützt die Gesetze zu entdecken, unter deren Herrschaft die Thatsachen stehen. Die Historiker hingegen sind so weit davon entfernt dies Verfahren zu dem ihrigen zu machen, dass unter ihnen der sonderbare Gedanke vorherrscht, ihr Geschäft sei lediglich Begebenheiten zu erzählen und diese allenfalls mit passenden sittlichen und politischen Betrachtungen zu beleben."

Es gehört eine gewisse Geduld dazu, diesen im Schritt durchgehenden Trivialitäten, dieser sich immer um sich selbst herum wälzenden Begriffsverwirrung nachzugehen. Also Verallgemeinerungen sind die Gesetze, die Buckle sucht; auf dem Wege der Verallgemeinerung glaubt er die Gesetze finden zu können, welche die Erscheinungen der sittlichen Welt erklären, das heisst mit Nothwendigkeit bestimmen. Sind denn die Regeln einer Sprache Sprachgesetze? Gewiss summirt die Induction aus dem Einzelnen die Thatsache des Allgemeinen, aber nicht indem sie es verallgemeinert, sondern die Einzelnheiten in ihrer Gemeinsamkeit zusammenfasst. Aber um aus der Regel zum Gesetz fortzuschreiten, um den Grund der allgemeinen Erscheinung zu finden, bedarf es des analytischen Verfahrens. Buckle hält es nicht für nothwendig, sich und uns Rechenschaft über die Logik seiner Untersuchung zu geben; er begnügt sich ein „vorläufiges Hinderniss" zu beseitigen, das ihm seinen Weg zu sperren scheint. Es heisse, sagt er, in menschlichen Dingen sei etwas Providentielles und Geheimnissvolles, welches sie unserer Forschung undurchdringlich mache und uns ihren künftigen Verlauf für immer verbergen werde"; er begegnet diesem Hinderniss mit der „einfachen" Alternative: „sind die Handlungen der Menschen und folglich auch der Gesellschaft bestimmten Gesetzen unterworfen, oder sind sie das Ergebniss entweder des Zufalls oder einer übernatürlichen Einwirkung?" Ja wohl: diese Wolke ist ein Kameel oder entweder ein Wiesel oder Wallfisch.

Wir haben schon früher bemerkt, dass, wenn es eine Wissenschaft der Geschichte geben soll, diese ihre eigene Erkenntnissart, ihren eigenen Erkenntnissbereich haben muss; wenn anderweitig die Induction oder die Deduction vortreffliche Resultate ergeben hat, so kann das nicht die Folge haben, dass die Wissenschaft der Geschichte sich entweder des einen oder des andern Verfahrens bedienen müsse; und glücklicher Weise giebt es zwischen Himmel und Erde Dinge, die sich zur Deduction eben so irrational verhalten, wie zur Induction, die mit der Induction und dem analytischen Verfahren zugleich die Deduction und die Synthese fordern, um in der alternativen Bethätigung beider nicht ganz aber mehr und mehr, nicht vollständig aber annähernd und in gewisser Weise erfasst zu werden, die nicht entwickelt, nicht erklärt, sondern verstanden werden wollen.

Die „Wissbegierde, die unsere Mitmenschen betrifft", ist darum „unersättlich", weil, was sie uns da einbringt, ein Verstehen ist, und weil mit unserem wachsenden Verständniss der Menschen und des menschlicher Weise Seienden und Gewordenen das uns selbst Eigenste weiter, tiefer, freier wird, ja überhaupt erst wird. So gewiss es ist, dass auch wir Menschen in dem allgemeinen Stoffwechsel mit leben und weben, und so richtig es sein mag, dass jeder Einzelne nur eben die und die Atome aus der „ewigen Materie" vorübergehend zusammenfasst und zu seiner Daseinsform hat, eben so gewiss oder vielmehr unendlich gewisser ist, dass vermittelst dieser „fliessenden Bildungen" und ihrer trotz alledem vitalen Kräfte etwas gar Besonderes und Unvergleichliches geworden ist und wird, eine zweite Schöpfung nicht von neuen Stoffen aber von Formen, von Gedanken, von Gemeinsamkeiten und ihren Tugenden und Pflichten, die sittliche Welt.

In diesem Bereich der sittlichen Welt ist Alles von der kleinsten Liebesgeschichte bis zu den grossen Staatsactionen, von der einsamen Geistesarbeit des Dichters oder Denkers bis zu den unermesslichen Combinationen des Welthandels oder dem prüfungsreichen Ringen des Pauperismus unserem Verständniss zugänglich; und was da ist, verstehen wir, indem wir es als ein Gewordenes fassen.

Es ist bereits erwähnt worden, dass Buckle die Willensfreiheit zugleich mit der göttlichen Providenz nicht sowohl ausser Rechnung lässt, als vielmehr für Illusionen erklärt und über Bord wirft. Auch in den Bereichen der Philosophie ist neuester Zeit Aehnliches gelehrt worden; ein Denker, dessen ich mit persönlicher Hochachtung gedenke, sagt: wenn man Alles, was ein einzelner Mensch ist und hat und leistet, A nennt, so besteht dies A aus $a + x$, indem a alles umfasst, was er durch äussere Umstände von seinem Land, Volk, Zeitalter u. s. w. hat und das verschwindend kleine x sein eigenes Zuthun, das Werk seines freien Willens ist. Wie verschwindend klein immer dies x sein mag, es ist von unendlichem Werth, sittlich und menschlich betrachtet allein von Werth. Die Farben, der Pinsel, die Leinwand, welche Raphael brauchte, waren aus Stoffen, die er nicht geschaffen; diese Materialien zeichnend und malend zu verwenden hatte er von den und den Meistern gelernt; die Vorstellung von der heiligen Jungfrau, von den Heiligen, den Engeln fand er vor in der kirchlichen Ueberlieferung; das und das Kloster bestellte ein Bild bei ihm gegen angemessene Bezahlung; — aber dass auf diesen Anlass, aus diesen materiellen und technischen Bedingungen, auf Grund solcher Ueberlieferungen und Anschauungen die Sixtina wurde, das ist in der Formel $A = a + x$ das Verdienst des verschwindend kleinen x. Und ähnlich überall. Mag immerhin die Statistik zeigen, dass in dem bestimmten Lande so und so viele uneheliche Geburten vorkommen, mag in jener Formel $A = a + x$ dies a alle die Momente enthalten, die es „erklären", dass unter tausend Müttern 20, 30, wie viele es denn sind, unverheirathet gebären, – jeder einzelne Fall der Art hat seine Geschichte und wie oft eine rührende und erschütternde, und von diesen 20, 30 Gefallenen wird schwerlich auch nur eine sich damit beruhigen, dass das statistische Gesetz ihren Fall „erkläre"; in den Gewissensqualen durchweinter Nächte wird sich manche von ihnen sehr gründlich überzeugen, dass in der Formel $A = a + x$ das verschwindend kleine x von unermesslicher Wucht ist, dass es den ganzen sittlichen Werth des Menschen, das heisst seinen ganzen und einzigen Werth umschliesst.

Es wird keinem Verständigen einfallen zu bestreiten, dass auch die statistische Betrachtungsweise der menschlichen Dinge ihren grossen Werth habe; aber man muss nicht vergessen, was sie leisten kann und leisten will. Gewiss haben viele, vielleicht alle menschlichen Verhältnisse auch eine rechtliche Seite; aber darum wird man doch nicht sagen wollen, dass man das Verständniss der Eroica oder des Faust unter den juristischen Bestimmungen über das geistige Eigenthum suchen müsse.

Ich will Buckle nicht in seinen weiteren Erörterungen über die

„Naturgesetze", über die „geistigen Gesetze", über den Vorzug der intellectuellen gegen die moralischen Kräfte u. s. w. folgen. Das Ergebniss seiner Betrachtungen im ersten Theil resumirt er im Anfang des zweiten in folgenden vier „Hauptgedanken", die nach seiner Ansicht für die Grundlagen einer Geschichte der Civilisation gelten müssen. „1. Der Fortschritt des Menschengeschlechts beruht auf dem Erfolg, womit die Gesetze der Erscheinungen erforscht und auf dem Umfang, bis zu welchem diese Kenntnisse verbreitet werden. 2. Bevor eine solche Forschung beginnen kann, muss sich ein Geist des Scepticismus erzeugen, welcher zuerst die Forschung fordert und dann von ihr gefordert wird. 3. Die Entdeckungen, die auf diese Weise gemacht werden, stärken den Einfluss intellectueller Wahrheiten und schwächen beziehungsweise, nicht unbedingt, den Einfluss sittlicher Wahrheiten, diese entwickeln sich weniger und erhalten weniger Zuwachs als die intellectuellen Wahrheiten. 4. Der Hauptfeind dieser Bewegung und folglich der Hauptfeind der Civilisation ist der bevormundende Geist; darunter verstehe ich die Vorstellung, die menschliche Gesellschaft könne nicht gedeihen, wenn ihre Angelegenheiten nicht auf Schritt und Tritt von Staat und Kirche bewacht und behütet werden, wo dann der Staat die Menschen lehre, was sie zu thun, die Kirche, was sie zu glauben haben."

Wenn das die Gesetze sind, in denen „das Studium der Geschichte der Menschheit" seine wissenschaftliche Höhe erreicht haben soll, so ist der glückliche Finder in der Naivität, mit der er sich über ihre ausserordentliche Seichtigkeit auch nur einen einzigen Augenblick hat täuschen können, wahrhaft beneidenswerth. Gesetze von dieser Sorte könnte man täglich zu Dutzenden und zwar auf demselben Wege der Verallgemeinerung finden, Gesetze, von denen keins an Tiefsinn und Fruchtbarkeit hinter dem bekannten Satz zurückbleiben sollte: dass der Maassstab für die Civilisation eines Volkes dessen Verbrauch an Seife sei.

Baco sagt einmal: citius emergit veritas ex errore, quam ex confusione. Die Confusion, deren sich Buckle schuldig macht, liegt auf der Hand. Weil er die Natur der Dinge, mit denen er sich zu beschäftigen unternahm, zu untersuchen und zu ergründen unterlassen hat, so verfährt er mit ihnen, als ob sie überhaupt eine eigene Natur und Art nicht hätten, einer eigenen Methode nicht bedürften; und die Methode, die er auf einen ihr fremdartigen Bereich anwendet, rächt sich damit, dass sie ihn statt der calculabeln Formeln, in denen sie sonst ihre Gesetze ausdrückt, Gemeinplätze gewinnen lässt, die für heut und gestern eine gewisse Richtigkeit haben mögen, aber Angesichts der Jahrtausende der Geschichte, Angesichts der grossen Gestaltungen des Mittelalters, des beginnenden Christenthums, der Römer- und Griechenwelt völlig nichtssagend erscheinen.

Wenn Buckle in der Geschichte die grosse Arbeit des Menschengeschlechts erkennt, wie konnte er da umhin sich zu fragen: welcher Art, aus welchem Stoff diese Arbeit sei, wie sich die Arbeiter zu ihr verhalten, für welche Zwecke gearbeitet wird? Er würde — denn es ist der Mühe werth einen Augenblick bei diesen Fragen zu verweilen — er würde erkannt haben, dass die geschichtliche Arbeit ihrem Stoff nach sowohl natürlich Gegebenes wie geschichtlich Gewordenes umfasst, dass beides eben so Mittel und Schranke, eben so Bedingung wie Antrieb für sie ist. Er würde bemerkt haben, dass in diesem Bereich allerdings die Methode der quantitativen Erscheinungen eine gewisse Anwendbarkeit hat, dass hier, wo es sich um die grossen Factoren der leiblichen Existenz, der Naturbedingnisse, der statistischen Zustände handelt, unsere Disciplin die Arbeiten der exacten Wissenschaft mit dem grössten Interesse begleiten, ihre glänzenden Ergebnisse mit freudigem Dank annehmen wird. Aber eingedenk der weiteren Fragen, die angedeutet sind, würde sich Buckle gehütet haben zu glauben, dass die in jenem Bereich gefundenen Ergebnisse — die, wie er meint, auf dem Wege der Verallgemeinerung gefundenen Gesetze — die Summe der Geschichte seien, dass sie „die Geschichte zu dem Rang einer Wissenschaft erheben", indem sie ihre Erscheinungen „erklären." Erklärt sind sie damit so wenig, wie die schöne Statue des Adorante mit dem Erz, aus dem sie gegossen, dem Thon, aus dem die Form gefertigt, dem Feuer, mit dem das Metall in Fluss gebracht worden ist. Es bedurfte, wie schon „der Meister derer, welche wissen", gelehrt hat, auch der Vorstellung von dem Bilde, das da werden sollte; und sie war in des Künstlers Seele, ehe das Werk war, in dem sie sich verwirklichen sollte ($τὸ\ τί\ ἦν\ εἶναι$); es bedurfte auch des Zweckes, um dess Willen das Bildwerk gemacht werden sollte, etwa eines Gelübdes an den rettenden Gott, dessen Tempel es schmücken sollte; es bedurfte der geschickten Hand, um den Zweck und das Gedankenbild und den Stoff zusammenzuschliessen zu dem vollendeten Werk. Freilich auch das Erz war nöthig, damit der Adorante gefertigt werde; aber es wäre doch ein übles Stück Civilisation, wenn man diess wundervolle Kunstwerk nur nach dem Metallwerth schätzen wollte, wie Buckle mit der Geschichte thut.

Er verfährt um nichts weniger einseitig als diejenigen, — wie streng tadelt er sie! — welche die Geschichte allein aus dem Zweck, wie etwa die Theologie ihn lehrt oder das gläubige Gemüth ihn ahnet, erklären; — oder welche eben so einseitig nur die geschickten Hände, welche die Arbeit machen, sehen und beobachten, gleich als wenn die Geschicke nicht ihres Ganges gingen trotz des guten oder üblen Willens derer, durch welche sie sich vollziehen; — oder welche ein für allemal mit ihren Vorstellungen von den Dingen, die da im steten Werden und in steter Selbstkritik sind, mit ihren Doctrinen fertig, immer nur wissen und besser wissen, wie der Staat, die Kirche, die sociale Ordnung u. s. w. hätte werden und sein müssen. Jede dieser Betrachtungsweisen für sich ist einseitig, unwahr, verderblich, wenn auch jede in ihrer Art berechtigt und förderlich ist. „Alles", lehrt jener alte Philosoph, „was durch Ursache ist, nicht durch sich selbst wie die Gottheit" enthält jene vier Momente, von denen keins allein und für sich das Ganze erklären kann und soll. Und genauer, nach jenen vier Momenten zerlegen wir es uns in unserm Geist, für unsere Betrachtung, mit dem Bewusstsein, dass sie in der Wirklichkeit, die wir betrachten wollen, völlig eins und von einander durchdrungen sind; wir scheiden und unterscheiden so mit dem Bewusstsein, dass es nur eine Hülfe für unsern reconstruirenden Verstand ist, wenn wir so verfahren während andere Thätigkeiten unserer Seele sofort und unmittelbar Totalitäten geben und empfangen.

Verzeihe man diese sehr elementaren Erörterungen; dem verworrenen Verfahren Buckle's gegenüber durften sie nicht umgangen werden, wenn die Fragen, um die es sich hier handelt, in ein sicheres Geleis gebracht werden sollen.

Also in der Geschichte kommt es nicht bloss auf den Stoff an, an dem sie arbeitet. Neben dem Stoff ist die Form; und in diesen

Formen hat die Geschichte ein rastlos sich weiter bewegendes Leben. Denn diese Formen sind die sittlichen Gemeinsamkeiten, in denen wir leiblich und geistig werden, was wir sind, kraft deren wir uns über die klägliche Oede und Dürftigkeit unseres atomistischen Ichseins erheben, gebend und empfangend um so reicher werden, je mehr wir uns binden und verpflichten. Diess sind Bereiche, innerhalb deren Gesetze von gar anderer Art und Energie, als die neue Wissenschaft sie sucht, ihre Stelle haben und ihre Macht üben. Diese sittlichen Mächte, wie man sie schön genannt hat, sind in vorzüglichem Maasse zugleich Factoren und Producte des geschichtlichen Lebens; und rastlos werdend bestimmen sie mit ihrem Gewordensein diejenigen, die die Träger ihrer Verwirklichungen sind, erheben sie über sich selbst. In der Gemeinschaft der Familie, des Staates, des Volkes u. s. w. hat der Einzelne über die enge Schranke seines ephemeren Ich hinaus sich erhoben, um, wenn ich so sagen darf, aus dem Ich der Familie, des Volkes, des Staates zu denken und zu handeln. Und in dieser Erhebung und ungestörten Betheiligung an dem Wirken der sittlichen Mächte je nach ihrer Art und Pflicht, nicht in der unbeschränkten und ungebundenen Independenz des Individuums liegt das wahre Wesen der Freiheit. Sie ist nichts ohne die sittlichen Mächte, sie ist ohne sie unsittlich, eine blosse Locomobile.

Freilich von diesen sittlichen Mächten denkt Buckle ausserordentlich gering; er sieht von Kirche und Staat nichts als Bevormundung und Uebergriffe; ihm sind Recht und Gesetz nur Schranken und Lähmungen; die Consequenz seiner Anschauungsweise würde sein, dass auch das Kind nicht sowohl auf die Pflege und Liebe der Aeltern, auf die Zucht und Führung der Lehrer angewiesen, als vielmehr ein Stück souverainer Freiheit wäre.

Zu einem so ausserordentlich rohen Freiheitsbegriff kommt Buckle, weil er es versäumt, den Arbeitern in der geschichtlichen Arbeit die gebührende Aufmerksamkeit zu widmen, weil er nur an das massige Capital Civilisation, nicht an das immer neue Erwerben, das das Wesen der Bildung ist, denkt, weil er nicht sieht oder nicht sehen will, dass in jenem verschwindend kleinen x der ganze und der einzige Werth der Persönlichkeit liegt, ein Werth, der sich nicht nach dem Umfang der Wirkungssphäre oder dem Glanz der Erfolge bemisst, sondern nach der Treue, mit der jeder das ihm anvertraute Pfund verwaltet.

In diesen Bereichen wieder giebt es Gesetze von ganz anderer Macht und Unerbittlichkeit, als jene auf dem Wege der Verallgemeinerung gefundenen; hier gilt es Pflicht, Tugend, Wahl in den tragischen Conflicten der sittlichen Mächte, in jenen Collisionen der Pflichten, die nur durch die Kraft des freien Willens gelöst, in denen wohl die Freiheit nur durch den Tod gerettet werden kann. Oder sind auch diese Dinge damit beseitigt, dass „das Dogma vom freien Willen" für eine Illusion erklärt wird?

Buckle freilich ist noch nicht so weit fortgeschritten, jenes Dogma vom freien Willen darum zu verwerfen, weil dasselbe auf der petitio principii beruhe, dass überhaupt Geist oder Seele sei; wie diejenigen schliessen würden, welche alle diese Inponderabilien wie Verstand, Gewissen, Willen u. s. w. für unwillkürliche Functionen des Gehirns, für Ausschwitzungen ich weiss nicht welcher grauen oder weissen Materie erklären. Und in der That müssten die grossen Geister, die so lehren, wohl zuerst den Nachweis liefern, dass solche ihre Lehren nicht eben auch nur Ausschwitzungen ihres Gehirns seien und zwar krankhafte. Aber indem Buckle gegen das Vorhandensein des freien Willens argumentirt und zwar aus der „Ungewissheit über das Bestehen des Selbstbewusstseins", muss er uns entweder gestatten, seine auf solche Ungewissheit begründete Argumentation selbst für ungewiss zu halten; oder er hätte uns beweisen müssen, dass er argumentiren könne auch ohne das Bestehen des Selbstbewusstseins, d. h. des denkenden Ichs, und dass er, wenn auch ohne Selbstbewusstsein, etwa als ein Denkautomat das Werk habe zu Stande bringen können, mit dem er die Geschichte zu dem Rang einer Wissenschaft hat erheben wollen, — nein, nicht wollen, denn das Wollen läugnet er mit der Freiheit des Willens; sondern irgend wer müsste irgend welchen aufgehänften Stoff von Thatsachen in diese Denkmühle geworfen haben, und dieselbe hätte denselben verarbeitet und das so Verarbeitete, $\sigma \acute{o} \varphi \iota \sigma \mu \alpha$, $\varkappa \acute{v} \rho \mu \alpha$, $\tau \rho \acute{\iota} \mu \mu \alpha$, $\pi \alpha \iota \pi \acute{\alpha} \lambda. \eta \mu'$ $\acute{o} \lambda o \nu$, wäre die neue Wissenschaft der Geschichte.

Wenn trotz alledem Buckle den „Fortschritt" in der Geschichte erkennt und unermüdlich ist ihn als das eigentliche Wesen in dem

Leben der Menschheit zu bezeichnen, so ist das zwar sehr dankenswerth, aber weder in der Folgereihe seiner Erörterungen begründet, noch folgerichtig durchgeführt. Ist da ein Fortschreiten, so muss sich in der beobachteten Bewegung die Richtung zu dem hin, um des Willen sie ist, erkennbar machen. Die naturwissenschaftliche Betrachtungsweise ist dem Gesichtspunkte nach, unter dem sie die Erscheinungen fasst, in anderer Lage. Sie sieht in den Veränderungen, die sie beobachtet, bis zu den Aequivalenten der Kräfte hinauf nur das im Wechsel Gleiche und Bleibende, und die vitalen Erscheinungen interessiren sie nur, in so weit sie entweder in Perioden oder morphologisch sich wiederholen; in dem individuellen Sein sieht und sucht sie nur entweder den Gattungsbegriff oder den Vermittler des Stoffwechsels. Indem sie den Begriff des Fortschrittes — Darwin's Entwickelungstheorie ist der stärkste Beweis dafür — ihrer Methode nach von sich ausschiesst, — den Fortschritt nicht in ihrer Erkenntniss, sondern als Moment in dem, was sie erkennen will, — so hat sie weder eine Stelle noch einen Ausdruck für den Zweckbegriff, sie stellt ihn ausser Rechnung, indem sie ihn theils zur Nützlichkeit degradirt und die alte Lessing'sche Frage offen lässt, was denn der Nutzen des Nutzens sei, theils unter Formen wie Ewigkeit der Materie, Entwickelung u. s. w. anderen Methoden als Problem überreicht. Wenn Buckle für die geschichtliche Welt den Begriff des Fortschrittes voranstellt, so kommt er zu einem Antilogismus sehr bezeichnender Art. Mochte er bekennen, dass er auf dem Wege der geschichtlichen Forschung das primum mobile nicht gefunden habe, mochte er erkennen, dass es dem Wesen der empirischen Methoden nach auf diesem Wege nicht zu erreichen, mit der Sprache der Wissenschaft, mit ihren Begriffen, ihrer Art zu denken, nicht adäquat auszudrücken sei; — aber ist damit der Schluss gerechtfertigt, dass es überhaupt nicht sei, dass es nur in unserm Irrthum eine Stelle habe? Giebt es nicht noch andere und andere Erkenntnissformen, andere Methoden, die vielleicht eben das, was die naturwissenschaftliche nicht will und in richtiger Consequenz ihres Gesichtspunktes nicht will, die historische nicht kann oder in nur unzulänglicher Weise kann, nach ihrer Natur können und wollen? Gäbe es etwa darum kein ästhetisches Urtheil, weil es auf juristischem Wege nicht zu finden ist? darum keinen Rechtssatz, weil man einen solchen auf ästhetischem Wege vergebens suchen würde? Wer der geschichtlichen Welt den Fortschritt vindicirt, der mag bedauern, dass nur ein Theil dieser eigenthümlichen Bewegung des Menschengeschlechts unserem Blick erreichbar, er mag bedauern, dass nur die Richtung dieser Bewegung, nicht ihr Ziel, nur die Thatsache dieser Bewegung, nicht das Bewegende erkennbar ist; aber wird er sich dabei beruhigen, wird er nach dem tiefsten Bedürfniss des Geistes, dem, sich als Totalität zu empfinden und zu wissen, sich dabei beruhigen können, dass die eine Form der Empirie ihm ein Räthsel zeigt, welches die andere ihm nicht löst? wird er, nachdem er erkannt, dass da ein Problem, ein Räthsel ist, es für nicht vorhanden erklären, weil er es nicht lösen kann? nicht lösen kann, weil er es entweder als Charade oder als Logogriph, entweder als Sylben- oder Buchstabenräthsel gelöst sehen will, während es ein Sinnräthsel ist? Wird man, weil von dem einen Standpunkt wissenschaftlicher Erkenntniss aus eine gewisse Seite des Allseins und Alllebens gar nicht sichtbar wird -- eben die metaphysische Seite, die nach dem alten Spiel des Wortes hinter der physikalischen ist, — und weil von dem Standpunkt der andern aus nur wie perspectivisch ein wenig davon das Auge streift, wird man darum schliessen müssen, dass sie nicht vorhanden ist, diese dritte Seite, ausser in unserem Irrthum? wenn wir das Licht nicht mit den Händen greifen und mit den Ohren hören können, ist es darum nicht? ist nicht vielmehr darum „das Auge sonnenhaft", damit es das Licht fassend uns das wahrnehmbar mache, was wir mit den Händen nicht greifen und mit den Ohren nicht hören können?

Doch ich verfolge diese Fragen nicht weiter, da sie über den Gedankenkreis hinaus liegen, in dem sich Buckle's Versuch, eine Wissenschaftslehre der Geschichte zu begründen, bewegt. Die gegebenen Andeutungen werden hinreichend sein zu zeigen, dass er die Aufgabe, die er sich stellt, nicht so gefasst hat, wie nöthig war um sie weiter zu führen, dass er weder ihren Umfang noch ihr Gewicht gewürdigt hat, — eine Aufgabe, die, wie mir scheint, ausser der besonderen Bedeutung für unsere Studien noch eine andere allgemeinere hat und eben darum die Aufmerksamkeit der wissenschaftlichen Welt zu beschäftigen beginnt. Sie scheint dazu angethan, den Mittelpunkt der grossen Discussion zu werden, welche in dem Gesammtleben der Wissenschaften die nächste bedeutende Wendung bezeichnen wird. Denn die wachsende Entfremdung zwischen den exacten und speculativen Disciplinen, den täglich weiter klaffenden Zwiespalt zwischen der materialistischen und supranaturalistischen Weltanschauung wird Niemand für normal und wahr halten. Diese Gegensätze fordern eine Ausgleichung, und jene Aufgabe scheint die Stelle zu sein, in der sie erarbeitet werden muss. Denn die ethische Welt, die Welt der Geschichte, die ihr Problem ist, nimmt an beiden Sphären Theil; sie zeigt in jedem Act menschlichen Seins und Thuns, dass jener Gegensatz kein absoluter ist. Es ist das eigenthümliche Charisma der so glücklich unvollkommenen Menschennatur, dass sie, geistig und leiblich zugleich, sich ethisch verhalten muss; es giebt nichts Menschliches, das nicht in diesem Zwiespalt stünde, in diesem Doppelleben lebte; in jedem Augenblick versöhnt sich jener Gegensatz um sich wieder zu erneuen, erneut er sich, um sich wieder zu versöhnen. Die ethische, die geschichtliche Welt verstehen wollen heisst vor Allem erkennen, dass sie weder nur doketisch, noch nur Stoffwechsel ist. Auch wissenschaftlich jene falsche Alternative überwinden, den Dualismus jener Methoden, jener Weltanschauungen, von denen jede die andere nur beherrschen oder negiren will, in derjenigen Methode versöhnen, die der ethischen, der geschichtlichen Welt entsprechend ist, sie zu der Weltanschauung zu entwickeln, die in der Wahrheit des menschlichen Seins, in dem Kosmos der sittlichen Mächte ihre Basis hat — das, so dünkt mich, ist der Kern der Aufgabe, um deren Lösung es sich handelt.

Natur und Geschichte.

Es ist hergebracht, den Ausdruck Geschichte auch auf die Natur anzuwenden. Man spricht von der Naturgeschichte, von der Entwickelungsgeschichte organischer Existenzen, von der Geschichte des Erdkörpers u. s. w. Und was war die Oken'sche, was ist die Darwin'sche Theorie anders als das Hervorkehren des wenn man will geschichtlichen Moments in dem Bereiche der organischen Natur.

Eben so fehlt es nicht an Versuchen, die Geschichte nach den für die Natur gefundenen Gesetzen, wenigstens nach der für die Naturwissenschaften ausgebildeten Methode zu behandeln, auch für die geschichtliche Welt geltend zu machen, dass vitale Erscheinungen auf physikalische Gesetze zurückführen, so viel sei als für die Wissenschaft eine neue Eroberung machen. Man hat die Gestaltungen und die Bewegung im Bereich des geschichtlichen Lebens als „organische Entwickelungen" bezeichnet; man hat ihre Gesetze durch statistischen Calcul begründet; ja man hat als einen besonders bedeutsamen Vorzug in diesen Bereichen die „Naturwüchsigkeit" zu nennen in Uebung gebracht.

Unsere Wissenschaft wird wie jede andere die Pflicht und das Recht haben, die Begriffe, mit denen sie zu thun hat, zu untersuchen und festzustellen. Wollte sie dieselben aus den Ergebnissen anderer Wissenschaften entnehmen, so würde sie sich Betrachtungsweisen fügen und unterordnen müssen, über welche sie keine Controle hat, vielleicht solchen, von denen sie ihre eigene Selbstständigkeit, ihre Berechtigung in Frage gestellt sieht; sie würde von daher vielleicht Definitionen des

Wortes Wissenschaft erhalten, gegen die sie sich auflehnen müsste. Unsere Wissenschaft wird sich den sie angehenden Kreis von Begriffen auf ihre, d. h. auf empirische Weise zu suchen haben. Sie wird es versuchen dürfen, da ihre Methode wesentlich die des Verstehens ist, des Verstehens auch dessen, was die Sprache und der Sprachgebrauch in täglicher Uebung hat und ihrer Empirie darbietet.

Wir finden in unserer Sprache die Worte Natur und Geschichte. Und Jedermann wird einverstanden sein, dass sich mit dem Wort Geschichte sofort die Vorstellung eines Verlaufs, die Vorstellung des Zeitlichen verbindet. Von ewigen, d. h. zeitlosen Dingen, so weit wir Vorstellungen der Art fassen können, giebt es keine Geschichte; geschichtlich sind sie nur, erscheinen sie uns nur, sofern sie in das Zeitliche eintreten, sei es durch Offenbarung, oder in Wirkungen oder in dem ihnen zugekehrten Glauben endlicher, d. h. unter den Bedingungen der Zeitlichkeit stehenden Geister.

Diese sind „nach Gottes Ebenbild" Geist; aber Geist in die Bedingungen der Endlichkeit gestellt, d. h. dem Raum nach unzählige, der Zeit nach rastlos werdende. Die Gegenwart, die ihnen und der sie gehören, ist ein Analogon der Ewigkeit; denn die Ewigkeit, die wir nicht erfahrungsmässig kennen, die wir aus der Selbstgewissheit unseres geistigen Seins erschliessen, ist Gegenwart wie wir sie haben, aber gedacht ohne die Schranke, in der wir sie haben, ohne den Wechsel des Kommens und Scheidens, ohne das Dunkel vorwärts und rückwärts.

Geist in die Endlichkeit gebannt, ist das menschliche Sein in unscheidbarer Weise geistig und sinnlich zugleich; ein Gegensatz, der sich in jedem Augenblick versöhnt, um sich wieder zu erneuen, und erneut, um sich wieder zu versöhnen. Unser Sein, so lange es gesund, wach, bei sich ist, vermag in keinem Moment nur sinnlich, nur geistig zu sein.

Ein Anderes ist es, dass die geistige Seite unseres Seins die Fähigkeit hat, bis zu einem gewissen Grade sich auf sich selbst zu richten, sich in sich selbst zu vertiefen, sich in sich und von sich aus, als wäre seine andere Seite nicht, weiter zu bewegen. Denkend, glaubend, schauend gewinnt der Geist so einen Inhalt, der in gewissem Sinn über die Schranken der Endlichkeit hinaus liegt. Er bleibt auch dann noch in diese Endlichkeit, in die Vorstellungsformen, die er von ihr her gewonnen und entwickelt hat, gebannt; aber nur noch mit den Fussspitzen berührt er die Erde.

Wie nun, wenn sich die gleiche Sammlung und Kraft des Geistes der anderen Seite seines doppelgestaltigen Seins zuwendet? Ich meine nicht das practische Wollen und Thun des Menschen. Sein theoretisches Verhalten, sein Forschen und Erkennen nach jenen Richtungen hin wird dadurch bedingt sein, dass die sinnliche Seite seines Daseins ihm nicht bloss das bunte Treiben der sinnlich wahrnehmbaren Einzelheiten wie einem unbewegten und ungetrübten Spiegel zuführt, sondern dass er mit ihr und durch sie, selbst inmitten dieser ihn umgebenden und un ithenden Endlichkeiten steht, von ihnen bedingt, bewegt, mit umgetri en wird, dass er selbst in dem rastlosen Staubwirbel dieser rastlos chselnden Endlichkeiten wie ein mit umgetriebenes Atom sein würde, enn er nicht kraft seines geistigen Wesens die Fähigkeit hätte, in ihne wie ein fester Punkt zu sein, wenigstens sich in sich selbst als sol hen zu empfinden, zu fassen, zu wissen, denkend und wollend, mit Bewusstsein und Selbstbestimmung in wie eng umgrenzter Bahn immer sich zu bewegen, beobachtend, berechnend, begreifend der Dinge draussen Herr zu werden.

Dass das kleine und dürftige Menschenwesen diese Kraft des Herrseins hat und übt, ist zu allen Zeiten das Räthsel der Contemplation gewesen. Mit naivem Tiefsinn sagt die Genesis: „als Gott gemacht hatte allerlei Thiere auf dem Felde und allerlei Vögel unter dem Himmel, brachte er sie vor den Menschen, dass er sie sähe wie er sie nennete; denn wie der Mensch sie nennen würde, so sollten sie heissen." Die Benennung war der Anfang, der Dinge Herr zu werden. Mit dem Namen war jedem Geschaffenen, Seienden ein geistiges Gegenbild geschaffen; sie waren nicht mehr bloss in der Welt äusserlicher Existenz, sie waren in die Vorstellung, in die Geistigkeit des mitten unter ihnen lebenden Menschenwesens versetzt. Sie behielten jedes den gegebenen Namen, wenn auch die Erscheinungsform für den einmal gegebenen Namen durch Ernährung oder Erschöpfung, durch Wiederholung in der Fortpflanzung, in je anderen Thätigkeiten anders sich darstellend, noch so mannigfach wechseln mochte. Der Name war gleichsam die dauernde und unterscheidende Wesenheit der rastlos wechselnden Erscheinungen; der Name fasste das im Wechsel Gleiche auf und hielt es als das Wesentliche fest.

Objectiv oder richtiger thatsächlich und äusserlich sind die unter gleichem Namen subsumirten Erscheinungen in tausendfacher Veränderlichkeit, Vielheit, Verschiedenartigkeit vorhanden; aber dies wüste Vielerlei beherrscht der Geist, indem er das in gewisser Weise, im Wesentlichen, für die Vorstellung Gleiche nach dieser seiner Gleichheit zusammenfasst. Objectiv oder vielmehr äusserlicher Weise sind nur zahllose Einzelnheiten in zahllosen Berührungen und Trennungen, in rastlosem Wechsel; aber in der Vorstellung des Menschengeistes stehn sie nach ihren Gleichheiten, Beziehungen, Verhältnissen fixirt und classificirt da, die geordneten Gegenbilder der chaotisch uns umfluthenden Endlichkeiten, der wirren Vielheit wechselnder und schwankender Erscheinungen. Und diese Welt von Namen und Begriffen ist dem Geist das Gegenbild der Welt draussen, ist für uns deren Wahrheit.

So vereinfachend, scheidend und combinirend, ordnend und unterordnend, so der wirren Welt der Endlichkeiten gegenüber einen Kosmos von Vorstellungen und Begriffen in sich schaffend, macht sich der menschliche Geist sprechend und denkend, theoretisch zum Meister der Endlichkeiten, in denen und deren Wechseln sein Zeitliches selbst steht; und zwar jeder Mensch von Neuem, jeder ist ein neuer Anfang, ein neues Ich-werden.

Er wird dadurch, dass er lernt sich als Totalität in sich zu fühlen und zu fassen, dass er Alles, was sich zu ihm, wozu er sich verhält, wie eng oder weit dessen Bereich sein mag, als geschlossenen Kreis um sich als Mittelpunkt sieht und denkt und so viel an ihm ist gestaltet. Er kann es mit jener Gabe, die Einzelheiten nach ihrer Wesenheit zusammenzufassen, mit jener rastlos arbeitenden Gabe des Vereinfachens und Verallgemeinerns, des Scheidens und Combinirens, kraft deren er immer weitere Strecken umfasst, in die Vorstellung aufnimmt, seinem Geist gleichsam einbildet. Die Rose — Ein Wort für zahllose Einzelnheiten — unterscheidet er von der Nelke; aber das in ihnen Gleiche auffassend nennt er sie Blumen; sie sind ihm wie die Sträuche, die Gräser Pflanzen; die Pflanzen sieht er sehr verschieden vom Thier, aber sie entstehen, wachsen, vergehen beide in ähnlicher Art; dies ihr Leben unterscheidet ihm die organische Welt von Stein und Meer und Flamme u. s. w. Es sind immer umfassendere Formen, immer allgemeinere Begriffe, die er so entwickelt und anwendet.

Die letzten und allgemeinsten nach der Seite der sinnlichen Wahrnehmbarkeiten hin sind Natur und Geschichte. Sie fassen die Erscheinungswelt zusammen unter die zwei allgemeinsten Vorstellungen, denen, wenn auch vielleicht nicht mit Recht, der Vorzug zu Theil geworden ist, als Anschauungen a priori bezeichnet zu werden.

Die Totalität der Erscheinungen sind wir sicher zu umfassen, wenn wir sie uns nach Raum und Zeit geordnet denken, wenn wir sagen Natur und Geschichte.

Freilich wissen wir sofort, dass Alles, was im Raum ist, auch in der Zeit ist, und umgekehrt. Die Dinge der empirischen Welt sind nicht entweder dem Raum nach oder der Zeit nach; aber wir fassen sie so auf, je nachdem uns das eine oder das andere Moment zu überwiegen scheint, je nachdem wir das eine oder das andere als das wichtigere, bezeichnendere, wesentliche hervorzuheben Anlass sehen.

Freilich viel gesagt ist mit dieser Begriffsbestimmung des Wortes Geschichte nicht, wenn wir nicht im Stande sind, dieselbe in sich zu vertiefen.

Raum und Zeit sind die weitesten, d. h. leersten Vorstellungen unseres Geistes. Einen Inhalt bekommen sie erst in dem Maass, als wir sie durch das Nacheinander und Nebeneinander bestimmen, das will sagen, die Einzelnheiten unterscheiden, — nicht bloss sagen, dass sie sind, sondern was sie sind.

Dass diese Erscheinungen, die wir summarisch als Geschichte, als Natur zusammenfassen, an sich noch andere Bestimmungen, andere Prädicate haben als die, in Raum und Zeit zu sein, d. h. dass sie im Raum, in der Zeit unterschieden sind, wissen wir dadurch, dass wir selbst unserer sinnlichen Existenz nach mitten unter ihnen stehen, von ihnen bestimmt werden, zu ihnen uns anders und anders verhalten, d. h. wissen wir empirisch. Ohne diese Empirie würde uns Raum und Zeit ein leeres x, würde uns die Welt der Erscheinung ein Chaos bleiben. Erst indem wir mitten unter ihnen stehend uns von ihnen, sie von uns unterscheiden, uns mit den verschiedenen Seiten und Erregbarkeiten unserer sinnlichen Existenz unter andern und andern Exponenten zu ihnen verhalten, und nach diesen Exponenten sie unter sich selbst unterscheiden und vergleichen, erst in unserm Ich, durch unser Erkennen, in unserm Wissen erhält das in Raum und Zeit Seiende weitere Benennungen, weitere Bestimmtheiten; erst so entwickeln sich uns die leeren Allgemeinheiten Raum und Zeit, die leeren Zusammenfassungen Natur und Geschichte zu discretem Inhalt, zu bestimmten Vorstellungsreihen, zum Nebeneinander und Nacheinander der Einzelnheiten.

Raum und Zeit unterscheiden sich wie Ruhe und Rastlosigkeit, wie Lässigkeit und Eile, wie Gebundenheit und Lossein. Es sind Gegensätze, aber immer mit einander verbundene; sie sind untrennbar, aber immer mit einander ringend. Denn Alles ist in Bewegung. Das Selbstgefühl unsres Lebens, unsres geistigen und sinnlichen Seins, das, selbst so in sich polarisirt, weder bloss sinnlich oder bloss geistig, noch abwechselnd das eine oder andere, sondern das lebendige Einssein des Zwiespaltes ist, giebt uns den Begriff der Bewegung und seiner Momente Raum und Zeit. Unbewegt wäre uns die Welt der Erscheinungen unfassbar; ohne Bewegung in uns selbst wären wir ausser Stande sie zu erfassen. Dass die Welt draussen bewegt ist, wie wir in uns, lässt sie uns unter der Analogie dessen, was in uns selber vorgeht, begreifen.

Wir wissen freilich, dass in der Bewegung Raum und Zeit immer vereint sind, dass die Zeit gleichsam den trägen Raum in immer neuer Bewegung zu überwinden, die Bewegung immer wieder aus der Ungeduld der Zeit in die Ruhe des Seins zurückzusinken und sich auszubreiten strebt. Wie kommt nun die menschliche Betrachtung dazu, gewisse Erscheinungsreihen in dem rastlos bewegten Sein der Dinge mehr nach der zeitlichen, andere mehr nach der räumlichen Seite zu betrachten, die einen als Natur, die andern als Geschichte zusammenzufassen?

Allerdings sehen wir ringsumher stete Bewegung, steten Wechsel. Aber wir unterscheiden gewisse Erscheinungen, in denen das Zeitliche zurücktritt, in denen es gleichsam nur vorübergehend erscheint, um in sich selbst zurückzusinken; Erscheinungen, die sich im Wesentlichen wiederholen, in denen sich also die unendliche Reihe Zeit zerlegt in gleiche sich wiederholende Kreise (Perioden), so dass eine solche Gestaltung als „nicht der Zahl nach eins, aber der Art nach eins" erscheint. In solchen Erscheinungen fasst der Geist das Stetige, das, an dem sich die Bewegung vollzieht, das im Wechsel Gleiche, auf: die Regel, das Gesetz, den Stoff, die Raumerfüllung u. s. w. Denn die Formen wiederholen sich hier, und das Einerlei ihrer periodischen Wiederkehr setzt das Zeitliche ihrer Bewegung zu einem secundären Moment herab; nicht für ihr Sein, sondern für unsre Auffassung und Verständniss. Wir gewinnen für die allgemeine Vorstellung Raum so ihren discreten Inhalt, und dieser ist es, der von uns mit der Bezeichnung Natur zusammengefasst wird.

In andern Erscheinungen hebt unser Geist das im Gleichen Wechselnde hervor. Denn er bemerkt, dass sich da in der Bewegung immer neue Formen gestalten, so neue und so bedingende Formungen, dass das Stoffliche, an dem sie erscheinen, als ein secundäres Moment erscheint, während jede neue Form eine individuell andere ist; und zwar so eine andere, dass jede, der früheren sich anreihend, durch sie bedingt ist, aus ihr werdend sie ideell in sich aufnimmt, aus ihr geworden sie ideell in sich enthält und bewahrt. Es ist eine Continuität, in der jedes Frühere sich in dem Späteren fortsetzt, ergänzt, erweitert (ἐπίδοσις εἰς αὑτό), jedes Spätere sich als Ergebniss, Erfüllung, Steigerung des Früheren darstellt. Es ist nicht die Continuität eines in sich zurückkehrenden Kreises, einer sich wiederholenden Periode, sondern die einer unendlichen Reihe und zwar so, dass in jedem Neuen schon ein weiteres Neues keimt und sich herausarbeiten wird: Denn in jedem Neuen ist die ganze Reihe durchlebter Formen ideell summirt und jede der durchlebten Formen erscheint als ein Moment, als ein jeweiliger Ausdruck in der werdenden Summe. In diesem rastlosen Nacheinander, in dieser sich in sich selbst steigernden Continuität gewinnt die allgemeine Vorstellung Zeit ihren discreten Inhalt, der von uns mit dem Ausdruck Geschichte zusammengefasst wird.

Auch diejenigen Erscheinungen, die wir mit dem Ausdruck Natur zusammenfassen, sind in individuellen Formen da und unterscheiden sich von einander, wenn wir sie auch als gleichartig und gleich auffassen. Aus jedem Waizenkorn erwächst, wenn es nicht durch anderweitige Verwendung seinem periodischen Leben (Keimung, Halmbildung, Blüthe, Fruchtreifung) entzogen wird, ein individuell andrer Halm, eine neue Generation von Körnern. Die Eichen in demselben Walde, jede wie die andere aus den Eicheln vielleicht derselben Muttereiche erwachsen, sind individuell verschieden, nicht bloss dem Raume nach, sondern nach Alter, Grösse, Verästung, Gruppirung der Laubmassen u. s. w. Wir nehmen die Unterschiede wohl wahr, aber sie erscheinen uns nicht als wesentlich; wissenschaftlich wie practisch ist uns ihre Individualität gleichgültig; für diese Art Existenzen hat unser Geist kein Verständniss ihres individuellen Seins, wir haben für diese Art Individuen keinen anderen Namen als den ihrer Gattung. Wir sehen wohl, dass sie sich verändern; aber in der nur periodischen Wiederkehr ihres Wechsels haben sie uns keine Geschichte. Wir unterscheiden die einzelnen wohl, aber ihre Unterschiede zeigen uns keine Folgereihe sich in sich selbst steigernder Formungen. Wir fassen sie dem Raum, dem Stoff, dem im Wechsel Gleichen, dem in der Vielheit sich wiederholenden Einerlei nach auf; denn nur in diesen Beziehungen hat unser Geist Kategorien für sie, nur nach diesen Kategorien können wir sie fassen und verstehen, können wir uns practisch und theoretisch zu ihnen verhalten. Und diesen unseren Auffassungen gemäss brauchen und verbrauchen wir sie; wir nehmen sie für das, was sie uns sind. Wir säen diese Waizenkörner, pflegen diese Eichen, um sie ihrer Zeit zu tödten und als das, was sie uns sind, als brennbaren Stoff, als mehlhaltige Frucht, zu verbrauchen; wir züchten diese Thiere, um ihnen täglich die für ihre Jungen sich erzeugende Milch zu rauben, sie schliesslich zu schlachten u. s. w. Unermüdlich beobachten und forschen wir, das Seiende seinen Stoffen, Kräften, Gesetzen nach zu erkennen, um es nach den Kategorien, unter denen wir es fassen und begreifen können, für unsere Zwecke zu verwenden; es ist uns nur Material; in seinen individuellen Erscheinungen ist es uns verschlossen, unverständlich, gleichgültig.

Und wenn wir den Fruchtbaum pfropfend, Thiere züchtend, Racen kreuzend gleichsam Vorsehung spielen, um edlere Erzeugungen zu veranlassen, so ist es unsere List und Berechnung, nicht das individuelle Verständniss, das uns solches Ergebniss bringt. Wenn wir chemisch Körper zerlegen oder verbinden, wenn wir physikalisch sie so oder so behandeln, gewisse in ihnen vorhandene Functionen zu isoliren, um sie zu beobachten oder wirken zu lassen, so suchen und finden wir nicht, was individuell diesem Stein, dieser Flamme, dieser schwingenden Saite eigen ist, sondern allen gleichartigen. Und wenn wir die jeweiligen Formen, welche die Thier- oder Pflanzenwelt, die Landschaft uns bietet, etwa in ästhetischer Weise uns aneignen und verwenden, so wissen wir wohl, dass es nicht die Individualität dieses Stückes Erdoberfläche, dieses Baumes oder Thieres ist, die wir damit verstanden und dargestellt haben wollen, sondern dass wir in sie etwas hineinlegen, was nicht in ihnen ist, so nicht in ihnen ist, dass sie uns nur als Ausdruck unsres Empfindens oder Denkens dienen, dass wir sie so zu sagen anthropomorphisiren; wie in Dantes Fegefeuer das ekelhafte Bild der Lust unter dem glühenden Blick des sie in Begier Anschauenden ein in Schönheit blühendes Weib wird.

Auch in dem Bereich derjenigen Erscheinungen, die wir als Geschichte zusammenfassen, in dem Bereich der sittlichen Welt giebt es Elemente, die messbar, wägbar, berechenbar sind. Aber am wenigsten diese materiellen Bedingungen erschöpfen das Leben der sittlichen Welt, reichen aus sie zu erklären; und wer sie damit erklären zu können meint, verliert oder verläugnet das hier Wesentliche. Nicht der Trieb der Begattung erschöpft oder erklärt die sittliche Macht der Ehe; die gemeinsame Erinnerung des gemeinsam Durchlebten, die gemeinsamen Hoffnungen und Sorgen, Verluste und Erfüllungen erneuen auch den alternden Gatten noch die Innigkeit ihres ersten Glückes; ihnen hat ihre Ehe eine Geschichte, und in dieser Geschichte hat sich ihnen die sittliche Macht der Ehe begründet, gerechtfertigt, erfüllt.

In dem Bereich der sittlichen Welt ist allerdings nichts, das nicht unmittelbar oder mittelbar materiell bedingt wäre. Aber diese materiellen Bedingnisse sind weder die einzigen noch die einzig maassgebenden; und es ist der Adel des sittlichen Seins, sie nicht etwa zu missachten und zu verläugnen, wohl aber sie zu durchleuchten und zu vergeistigen. Denn so, in der Berührung der Geister, in ihrer Arbeit aneinander und miteinander, in ihrem rastlosen Triebe zu formen, zu verstehen und verstanden zu werden, wird diese wunderbare Schicht geistigen Seins, die, immer und immer die natürliche Welt berührend und doch los von ihr, das Erdrund umfluthet, und deren Bestandtheile Vorstellungen, Gedanken, Leidenschaften, Irrthümer, Schuld u. s. w. sind.

Man denkt nicht zu gering von der sittlichen Welt, wenn man ihren Gestaltungen diese rastlos fluthende und schwellende Schicht geistigen Seins als ihre Stätte, ihren Boden, als die so zu sagen plastische Masse ihres Gestaltens zuschreibt. Und sie sind wahrlich darum nicht von geringerer Realität, von minder objectiver Macht, weil sie wesentlich nur im Geist und Herzen der Menschen, in ihrem Wissen und Gewissen lebendig sind, den Körper und das Körperliche nur zu ihrem Ausdruck und Abdruck verwenden.

Freilich nur in diesen Ausdrücken und Abdrücken werden sie vernehmbar, verstehbar, erforschbar. Sie sind nicht blos dazu da, dass die historische Methode auf sie angewendet werde; sie können, auch wissenschaftlich, noch nach anderen Gesichtspunkten als dem historischen betrachtet werden. Aber wie sie sind, sind sie geworden; und aus ihrem Sein ihr Werden zu erschliessen, aus ihrem Werden ihr Sein zu verstehen, ist das Wesen der historischen Methode.

Zum Schluss noch eine Bemerkung zur Abwehr. Es fällt Niemanden ein, der Physik den Namen der Wissenschaft zu bestreiten oder an ihren wissenschaftlichen Ergebnissen zu zweifeln, obschon sie nicht die Natur, sondern eine Betrachtungsweise der Natur ist, oder der Mathematik daraus einen Vorwurf zu machen, dass ihr ganzes stolzes Gebäude nur innerhalb des wissenden Geistes steht. Unsere kluge Sprache bildet aus dem Participium des Wortes „wissen" die Bezeichnung dessen, was „gewiss" ist; sie nennt nicht das äusserliche und sogenannte objective Sein der Dinge gewiss, sondern das gewusste Seiende, das gewusste Geschehene. Nicht was in sinnlicher Wahrnehmbarkeit an uns herantritt, ist unsrer Sprache nach wahr; es giebt sich nicht als wahr, sondern wir nehmen es wahr, und machen es durch unser Wissen gewiss.

Unser Wahrnehmen, unser Wissen; es läge darin der bedenklichste Subjectivismus, wenn die Menschenwelt aus Atomen bestände, deren jedes seine Spanne Raum und Zeit erfüllte, zusammenhanglos wie begonnen so zerronnen, — aus atomistischen Menschen, wie der gerupfte Hahn des alten Philosophen sie exemplificirt und wie sie der moderne Radicalismus zum Ausgangspunkt seiner Menschenrechte, der moderne Materialismus zur Basis seiner „Sociologie" nimmt. Auch nicht geboren werden, geschweige denn gepflegt, auferzogen, zum Menschen werden könnte der Einzelne als solcher. Von dem Moment seiner Geburt, seiner Empfängniss an steht er in den sittlichen Gemeinsamkeiten, in dieser Familie, diesem Volk, Staat, Glauben oder Unglauben u. s. w. und was er leiblich und geistig ist und hat, empfängt er zunächst aus ihnen und durch sie.

Man sieht, die Skepsis dieser Betrachtungen wendet sich nicht gegen die Realität der natürlichen Welt, noch weniger gegen die Gewissheit der geschichtlichen, der sittlichen Gestaltungen. Uns ist die Natur nicht ein „Gehirnphänomen," noch weniger die sittliche Welt die fadenscheinige „Bejahung des Willens zum Leben."

Praktisch leben und handeln wir in dem zuversichtlichen Selbstgefühl unsres Ich-seins, in der unmittelbaren Empfindung der Totalität, innerhalb deren wir stehen. Es sind dies die beiden Momente, die sich aus der Art unsres Seins, das geistig und sinnlich zugleich ist, ergeben.

Auf dieser unmittelbaren Gewissheit unsrer Selbstempfindung, unsrer Weltempfindung, auf diesem Glauben, wie hoch oder niedrig der gefundene Ausdruck für seinen letzten Grund, für sein höchstes Ziel sein mag, ruht unser menschliches Sein und Thun. Dies Unmittelbare haben wir; die „Wahrheit" suchen, erarbeiten wir; und mit unserm Suchen und Arbeiten erwächst, vertieft sie sich uns. In dem Bedürfniss unseres Ich-seins oder Ich-werdens — und es ist mit dem ersten gesprochenen Wort da und unhemmbar — liegt der Drang, das Empfundene und Geglaubte uns zum Bewusstsein zu bringen, es zu begreifen, es gleichsam abzulösen von der Nabelschnur, mit der es an den Unmittelbarkeiten haftet, es in die Kategorien unseres Denkens einzuordnen; Kategorien, die sich zu der unmittelbar empfundenen Totalität der Wirklichkeit und unseres Ich-seins in ihnen verhalten wie das Vieleck zum Kreise: noch so vielseitig und kreisähnlich, bleibt es eckig und geradlinicht; Kreis und Vieleck hören nicht auf, gegen einander incommensurabel zu sein.

Es ist der irregeleitete Stolz des menschlichen Geistes, den Kreisen des unmittelbar Empfundenen seine eckigen Constructionen als ihre Norm oder Beglaubigung zu unterstellen, während sie nur Versuch auf Versuch sind, jene annähernd zu umschreiben, — die sphärischen Linien des Glaubens zu negiren, weil unser Denken mit seinen geradlinichten Constructionen sie nicht erschöpfen kann, — so wenig erschöpfen kann, wie jener Augustinische Knabe am Meeressrand in die Grube, die er in den Sand gegraben, so eifrig er mit seiner Schaale schöpfen mochte, das Wasser des Meeres hinüberzugiessen im Stande war.

Kunst und Methode.

Es ist gedichtet worden, ehe es eine Poesie, gesprochen worden, ehe es eine Grammatik und Rhetorik gab. Und das practische Bedürfniss hat Stoffe zu mischen und zu zerlegen, Naturkräfte zu menschlichen Zwecken zu verwenden gelehrt, bevor Chemie und Physik die Natur methodisch erforscht und ihre Gesetze in wissenschaftlicher Form ausgesprochen haben.

Auch die Erinnerungen gehören zum eigensten Wesen und Bedürfniss der Menschheit. Wie enge oder weite Kreise sie umfassen mögen, sie fehlen den Menschen nie und nirgend; höchst persönlich, wie sie zunächst erscheinen, sind sie ein Band zwischen den Seelen, die sich in ihnen begegnen. Keine menschliche Gemeinschaft ist ohne sie; jede hat in ihrem Gewordensein, ihrer Geschichte das Bild ihres Seins, — einen Gemeinbesitz der Betheiligten, der ihre Gemeinschaft nur um so fester und inniger macht.

Begreiflich, dass hochbegabten Völkern sich ihre Erinnerungen in der Sage verschönen und zu Typen, zum Ausdruck der Ideale werden, auf die der Volksgeist gerichtet ist. Begreiflich auch, dass sich ihnen ihr Glaube in der Form heiliger Geschichten, die seinen Inhalt als ein Geschehniss veranschaulichen, rechtfertigt, und dass solche Mythen mit der Sage zusammenwachsen. Nur dass sie, wenn sich diese rastlos lebendige Verschmelzung, endlich gesättigt, in grossen epischen Gestaltungen abschliesst, nicht mehr dem naiven Glauben allein angehören wollen.

Mit der Sammlung und Sichtung solcher Mythen und Sagen hat die früheste Historie, die der Griechen, begonnen, — erste Versuche, Ordnung, Zusammenhang, Uebereinstimmung, ein chronologisches System in diesen Urwald von Ueberlieferungen zu bringen, erste Versuche wirklicher Forschung.

Von den Griechen her datirt die Continuität der Wissenschaftn; fast alle, die noch heute die Geister beschäftigen, haben dort ihre Anfänge; namentlich das Gebiet, das man wohl als das der moralischen Wissenschaften bezeichnet, ist mit Vorliebe von ihnen bestellt worden. Aber neben der Ethik, Politik, Oekonomik u. s. w. haben sie keine Historik.

Dass nach der genialen Historiographie der Marathonischen, der Perikleischen Zeit, deren letzter Repräsentant Thucydides ist, Isokrates und nicht Aristoteles eine historische Schule bildete, hat die Historie in Bahnen gebracht, von denen Polybius sich vergebens bemüht hat sie zurückzuführen. Sie wurde und bei den Römern blieb sie, soweit nicht die Philologie sich ihrer bemächtigte, ein Theil der Rhetorik, der „schönen Literatur". Und zwischen beiden, der Philologie und der Rhetorik, gingen die Aufzeichnungen zu praktischen Zwecken, die encyclopädischen und Schulbücher mit eingeschlossen, allmählig bis zur armseligsten Dürftigkeit hinab.

Weniger noch als in der Historiographie des sinkenden Alterthums wird man in der des Mittelalters neue Triebe wissenschaftlichen Geistes entdecken wollen, wenn man nicht den theologisch-constructiven, der hier und da durchklingt, dafür will gelten lassen. Wohl aber hat der und jener Historiker der Karolinger-, der Ottonenzeit sich seine stylistischen Muster bei den Alten gesucht und seine Helden mit ihren rhetorischen Floskeln geschmückt.

Und wieder, als im ausgehenden Mittelalter der erneute Kampf gegen das Papstthum und die Hierarchie auch die historische Forschung als Waffe ergriff, und den Untersuchungen über die angebliche Schenkung des Constantin historisch-kritische Angriffe auf die falschen Traditionen, die schriftwidrigen Institutionen, die canonischen Anmaassungen der Kirche Schlag auf Schlag folgten, selbst da gewann über diese bedeutenden wissenschaftlichen Anläufe die Rhetorik zunächst in Italien rasch wieder den Vorsprung; und den letzten grossartigen Versuch auf deutscher Seite, die gewonnenen Kenntnisse und Uebungen wissenschaftlich zusammenzufassen, — den Sebastian Franck's — übertäubte der Lärm des schon dogmatistischen Haders der Bekenntnisse.

Erst seit die Naturwissenschaften sicher und ihres Weges bewusst sich ihre Methode begründeten und damit einen neuen Anfang gewannen, tauchte der Gedanke auf, auch der μαίθοδος ὕλη, der Geschichte eine methodische Seite abzugewinnen. Der Zeit Galilei's und Bacon's gehört Jean Bodin an, der von Huygens und Newton Pufendorff und der nach allen Richtungen zugleich Bahn brechende Leibniz. Dann ergriff die Englische Aufklärung, — wenn es erlaubt ist, die Zeit der sogenannten Deïsten so zu bezeichnen — auch diese Frage; dort zuerst versuchte man unsere Wissenschaft nach ihren Aufgaben oder Gebieten zu gliedern; man sprach von Weltgeschichte, Geschichte der Menschheit, Universalgeschichte, Staaten- und Völkergeschichte u. s. w. Voltaire, der Schüler und Fortsetzer dieser Englischen Richtung, warf den blendenden Namen „philosophie de l'histoire" mit hinein. Die Göttinger historische Schule entwickelte eine Art Systematik der neugeschaffenen Wissenschaften und Hülfswissenschaften und begann auch die entlegneren Disciplinen mit dem Geist dieses Systems zu erfüllen. Und während mehr als Einer von den grossen Dichtern und Denkern unserer Nation sich in die theoretische Frage des historischen Erkennens versenkte, entwickelte sich im historischen Arbeiten und Untersuchen selbst eine Schärfe und Sicherheit der Kritik, die, auf welches Gebiet der Geschichte sie sich wenden mochte, völlig neue und überraschende Ergebnisse brachte. In dieser historischen Kritik eilte seit Niebuhr unsere Nation den anderen voraus; und es brauchte, so schien es, die in so glänzenden Arbeiten bewährte Art oder Technik des Forschens nur in allgemeinen und theoretischen Sätzen ausgesprochen zu werden, um als die historische Methode zu gelten.

Freilich dem grossen Publikum war mit dieser Richtung unserer Historie nicht eben gedient; es wollte lesen, nicht studiren; es beklagte sich, dass man ihm die Zubereitung der Speise statt der Speise biete; es nannte wohl die Deutsche Art der Historie pedantisch, ausschliesslich, ungeniessbar; es wünschte unterhaltende Belehrung und belehrende Unterhaltung; wie viel bequemer als die gelehrten und mühsamen Forschungen liessen sich die Essays Macaulay's lesen, wie ergriffen die Erzählungen von der französischen Revolution in Thiers' glänzender Schilderung. So hat es geschehen können, dass nicht bloss der historische Geschmack, sondern das historische und damit zum nicht geringen Theil das politische Urtheil in Deutschland drei, vier Jahrzehnte lang von der fremden Historiographie gebildet und geleitet, von ihrer rhetorischen Ueberlegenheit beherrscht wurde.

Und mehr noch: indem solche rhetorische Kunst die Wucht ungeheurer Ereignisse, die schwierigen Verwickelungen, in denen sich grosse Ereignisse zu vollziehen oder doch vorzubereiten pflegen, die Greuel entfesselter Leidenschaften oder fanatischer Unterdrückungen zu einem künstlerisch wohl abgetonten Bilde, zu einer spannenden und dramatisch wirkenden Lectüre verwandelt, ist sie gewiss, um so fasslicher und überzeugender zu sein. Sie hat das Mittel gefunden, auch den minder kundigen Leser mit Dingen vertraut zu machen, welche in ihrem wirklichen Verlauf von dem Mitlebenden, der sie auch nur einigermaassen verstehen wollte, tausend Vorkenntnisse, viele Erfahrung, ein ruhiges und gesammeltes Urtheil forderten; das Alles weiss die historische Kunst auf die erfreulichste Weise zu ersetzen, also dass der aufmerksame Leser, wenn er seinen Thiers oder Macaulay zu Ende gelesen, sich um die grossen Erfahrungen dieser Revolutionen, dieser Partheikämpfe, dieser Verfassungsentwickelungen reicher glauben darf; — um Erfahrungen freilich, denen das Beste von dem fehlt, was die Erfahrungen fruchtbar macht, der Ernst der schwer arbeitenden Wirklichkeiten, die Verantwortlichkeit des unausweichlichen Entschlusses, die Opfer, die auch der Sieg fordert, das Misslingen, das auch die gerechte Sache unter die Füsse wirft. Die Kunst des Historikers überhebt den Leser, an solche Nebendinge zu denken; sie erfüllt seine Phantasie mit Vorstellungen und Anschauungen, die von der breiten, harten, zäh langsamen Wirklichkeit nur die glänzend beleuchteten Spitzen zusammenfassen; sie überzeugt ihn, dass diese die Summe der Einzelheiten und das Wahre der Wirklichkeiten sind. Sie hilft an ihrem Theil an jenem unermesslichen Einfluss arbeiten, den die Meinung der Menschen übt, indem sie an ihren Ideen die Wirklichkeit messen und von dieser fordern, dass sie sich nach jenen gestalte oder umgestalte, — um so ungeduldiger fordern, je leichter sie sich solche Umkehr der Dinge zu denken gewöhnt sind.

Auch wir in Deutschland rühmen uns bereits einer historischen Literatur, die dem populären Bedürfniss entspricht; auch bei uns ist die Einsicht gewonnen oder das Zugeständniss gemacht, dass „die Historie Kunst und Wissenschaft zugleich sei". Nur dass damit die methodische

Frage — um diese handelt es sich uns — von Neuem ins Unklare geräth.

Wie verhalten sich in unseren Arbeiten Kunst und Wissenschaft zu einander? ist etwa „mit Kritik und Gelehrsamkeit" der wissenschaftlichen Seite der Historie genug gethan? ist, was sonst noch dem Historiker zu thun übrig bleibt, der Kunst zustehend? sollten wirklich die Studien, die der Historiker zu machen hat, keinen anderen Zweck haben, als ein oder das andere Buch zu schreiben? keine andere Verwendung haben, als belehrend zu unterhalten und unterhaltend zu belehren?

Es wäre nicht ohne Interesse, zu untersuchen, welchen inneren Grund es hat, dass von allen Wissenschaften allein der Historie das zweideutige Glück geworden ist, zugleich auch Kunst sein zu sollen; ein Glück, dass nicht einmal die Philosophie trotz der Platonischen Dialoge mit ihr theilt.

Fassen wir eine andere Seite der Frage auf. In künstlerischen Arbeiten geht — nach einer alten Ausdrucksweise — das Technische und Musische Hand in Hand. Zum Wesen der Kunst gehört es, dass sie in ihren Hervorbringungen die Mängel, die durch ihre Mittel bedingt sind, vergessen macht; und sie kann es in dem Maasse, als die Idee, der sie in diesen Formen, an diesen Stoffen, mit dieser Technik Ausdruck geben will, diese belebt und durchleuchtet. Das so Geschaffene ist eine Totalität, eine Welt in sich; das Musische hat die Macht, in diesem Ausdruck den Schauenden oder Hörenden voll und ausschliesslich empfangen und empfinden zu lassen, was es so hat ausdrücken wollen.

Anders die Wissenschaften. Vor Allen die empirischen haben keine strengere Pflicht, als die Lücken festzustellen, die in den Objecten ihrer Empirie bedingt sind, die Fehler zu controliren, die sich aus ihrer Technik ergeben, die Tragweite der Methoden zu untersuchen, die nur innerhalb der ihnen wesentlichen Schranken richtige Resultate ergeben können.

Vielleicht das grösste Verdienst der kritischen Schule in unserer Wissenschaft, wenigstens das in methodischer Hinsicht bedeutendste ist, die Einsicht durchgesetzt zu haben, dass die Grundlage unserer Studien die Prüfung der „Quellen" ist, aus denen wir schöpfen. Es ist damit das Verhältniss der Historie zu den Vergangenheiten auf den wissenschaftlich maassgebenden Punkt gestellt. Diese kritische Ansicht, dass uns die Vergangenheiten nicht mehr unmittelbar, sondern nur in vermittelter Weise vorliegen, dass wir nicht „objectiv" die Vergangenheiten, sondern nur aus den „Quellen" eine Auffassung, eine Anschauung, ein Gegenbild von ihnen herstellen können, dass die so gewinnbaren und gewonnenen Auffassungen und Anschauungen Alles sind, was uns von der Vergangenheit zu wissen möglich ist, dass also „die Geschichte" nicht äusserlich und realistisch, sondern nur so vermittelt, so erforscht und so gewusst da ist — das muss, so scheint es, der Ausgangspunkt sein, wenn man aufhören will in der Historie zu naturalisiren.

Was uns zur Erforschung vorliegt, sind nicht die Vergangenheiten, sondern theils Ueberreste aus ihnen, theils Auffassungen von ihnen; Ueberreste, die nur für die historische Betrachtung Ueberreste sind, in der That aber inmitten der Gegenwart stehen; manche trümmerhaft und verwittert wie sie sind, sofort daran erinnernd, dass sie einst anders, lebendiger, bedeutsamer waren, als sie jetzt sind; andere umgeformt und noch in lebendig praktischer Verwendung; andere auch wohl bis zur Unkenntlichkeit verändert und eingeschmolzen in das Sein und Leben der Gegenwart; ja diese selbst ist nichts anderes als die Summe aller Reste und Ergebnisse der Vergangenheit. Sodann Auffassungen dessen, was war und geschah, nicht immer von Nahestehenden, Kundigen oder Unbetheiligten, oft Auffassungen von Auffassungen aus dritter, vierter Hand; und selbst wenn Nahestehende berichten, was ihrer Zeit geschehen, was haben sie denn selbst davon mit angesehen, mit angehört? und auch das eigene Sehen und Hören fasst doch nur einen Theil, nur eine Seite, eine Richtung der Geschehnisse auf u. s. w.

Der methodische Charakter dieser beiden Arten von Materialien ist so ausserordentlich verschieden, dass man wohl thut, ihn auch in der technischen Bezeichnung zu unterscheiden; und es empfiehlt sich, diejenigen, die Quellen sein wollen, auch Quellen zu nennen, wenn sie auch in anderer Hinsicht gleich den Anderen Ueberreste sind, literarische Ueberreste der Zeit, in der sie entstanden.

Die jetzt übliche Methode oder Technik der historischen Forschung hat sich aus dem Studium solcher Zeiten entwickelt, aus denen wenigstens für die politische Geschichte nichts oder wenig mehr als derartige Auffassungen von mehr oder minder gleichzeitigen Darstellern vorliegen. Vieles, wonach wir fragen und forschen möchten, ist da gar nicht aufgefasst worden; auf die Frage, wie unsere Kaiser bei ihren Romfahrten Tausende von Menschen und Pferden, wenn sie über die Alpen stiegen, dort verpflegten, auf die Frage, wie sich nach der Revolution, die Alexander der Grosse über Asien gebracht hat, der Handel des Mittelmeers gestaltete, geben uns die Quellen keine Auskunft.

Wie oberflächlich, wie unzuverlässig unsere Kunde von früherer Zeit, wie mit Nothwendigkeit lückenhaft und auf einzelne Punkte beschränkt die Anschauung ist, die wir von derselben noch gewinnen können, werden wir inne, wenn unser Studium uns zu Zeiten führt, aus welchen die Archive mehr als blosse „Urkunden" von abgeschlossenen Rechtsgeschäften, aus welchen sie gesandschaftliche Berichte, Berichte der Behörden, Geschäftsacten aller Art darbieten. Und weiter, wie lebhaft tritt da der Unterschied zwischen den „Auffassungen" der fremden Gesandten oder der heimischen Behörden und den „Ueberresten" aus dem geschäftlichen Verlauf, aus den Erwägungen her und hin, aus den Protokollen der Verhandlungen u. s. w. hervor. Freilich diese Geschäftsacten bieten in der Regel nicht, wie jene Relationen, eine schon geformte Auffassung, ein erstes historisches Bild dessen, was soeben geschehen ist; aber sie sind Ueberreste dessen, was da geschehen ist, sie sind das, was von dem Geschäft und aus seinem Verlauf noch unmittelbar vorliegt. Und als Geschäft — wenn ich den Ausdruck in so weitem Umfang brauchen darf — in dem breiten und tausendfach bedingten und bedingendem Nebeneinander der Gegenwart vollziehen sich die Dinge, die wir nachmals nach ihrem Nacheinander als Geschichte auffassen, — also in ganz anderer Richtung auffassen, als die war, in der sie sich vollzogen, und die sie in dem Wollen und Thun derer hatten, durch welche sie sich vollzogen. So dass es nicht paradox ist zu fragen, wie aus den Geschäften Geschichte wird, und was mit dieser Uebertragung gleichsam in ein anderes Medium theils hinzugethan wird, theils verloren geht.

Zum Schluss mag es gestattet sein, noch einen Punkt zu berühren. Ich habe an einer anderen Stelle den Anspruch zurückzuweisen versucht, der an unsere Wissenschaft von Seiten derer gemacht wird, denen die naturwissenschaftliche Methode die einzig wissenschaftliche ist, und welche meinen, durch die Anwendung derselben müsse die Geschichte zum Rang einer Wissenschaft erhoben werden.

Gleich als ob in dem Bereich des geschichtlichen d. h. sittlichen Lebens nur die Analogie der Beachtung würdig sei, nicht auch die Anomalie, das Individuelle, der freie Wille, die Verantwortlichkeit, der Genius; als ob es nicht eine wissenschaftliche Aufgabe sei, für die Bewegungen und Wirkungen der menschlichen Freiheit, der persönlichen Eigenartigkeit, wie gross oder klein man sie denn anschlagen mag, Wege der Erforschung, der Verificirung, des Verständnisses zu suchen.

Denn allerdings haben wir von menschlichen Dingen, von jedem Ausdruck und Abdruck menschlichen Tichtens und Trachtens, der uns wahrnehmbar wird, und so weit er wahrnehmbar ist, unmittelbar und in subjectiver Gewissheit ein Verständniss. Aber es gilt Methoden zu finden, um für dies unmittelbare und subjective Auffassen — zumal da von Vergangenem uns nur noch Auffassungen Anderer oder Fragmente dessen, was einst war, vorliegen — objective Maasse und Controlen zu gewinnen, es damit zu begründen, zu berichtigen, zu vertiefen. Denn nur das scheint der Sinn der vielgenannten historischen Objectivität sein zu können.

Methoden gilt es zu finden. Es bedarf deren andere für andere Aufgaben, und oft zur Lösung Einer Aufgabe einer Combination von mehreren derselben. So lange man glaubte, dass „die Geschichte" wesentlich die politische Geschichte sei, und dass des Historikers Aufgabe sei, was von Revolutionen, Kriegen, Staatsactionen u. s. w. überliefert ist, in neuer Auffassung und Zusammenstellung nachzuerzählen, mochte es genügen, aus den besten, vielleicht auch den kritisch nachgewiesenen besten Quellen das Material zu nehmen, das zu einem Buch, einem Vortrag oder dergleichen verarbeitet werden sollte. Seit die Einsicht erwacht ist, dass man auch die Künste, die Rechtsbildungen, jedes menschliche Schaffen, alle Gestaltungen der sittlichen Welt historisch erforschen kann, erforschen muss, um das, was ist, zu verstehen aus dem, wie es geworden ist — seitdem treten Forderungen sehr anderer Art an unsere Wissenschaft heran. Sie hat Gestaltungen nach ihrem historischen Zusammenhang zu erforschen, von denen vielleicht nur einzelne Ueberreste vorhanden sind, Felder zu erschliessen, die bis dahin nicht, am wenigsten von denen, die mitten in ihnen lebten, als historisch beachtet und aufgefasst sind. Von allen Seiten drängen sich ihr da Fragen auf, Fragen nach Dingen, die zum grossen Theil ungleich wichtiger sind als die oft sehr äusserlichen und zufälligen Nachrichten, welche bisher für Geschichte gegolten haben. Soll da die Forschung das Gewehr strecken?

Wir haben wohl, wenn wir in eine Sammlung Aegyptischer Alterthümer treten, den besonderen Eindruck, die subjective Anschauung dieses wunderlichen Alterthums; aber wenigstens in der einen und anderen Richtung können wir forschend zu positiveren Ergebnissen kommen. Da sind diese Syenite, behauen, polirt; da sind diese Farben, diese Gewebe; welcher Werkzeuge, welcher Metalle bedurfte es, so harten Stein zu verarbeiten, welcher mechanischen Constructionen, solche Massen aus dem Felsen zu heben, auf die Barke zu schaffen? wie wurden chemisch diese Farben bereitet? aus welchen Stoffen sind diese Gewebe, und woher kamen sie? Auf dem Wege solcher technologischen Interpretation der Ueberreste ergeben sich Thatsachen, welche die dürftige Ueberlieferung über das alte Aegypten nach vielen und bedeutenden Richtungen hin ergänzen, und diese Thatsachen ergeben sich mit einer Sicherheit, die um so grösser ist, je weniger direct sie gewonnen wurden.

Vielen erscheint es kritisch, etwa von der Verfassung des alten Rom oder Athens vor den Perserkriegen nur das gelten zu lassen, was ausdrücklich überliefert und bezeugt ist. Aber die Phantasie des Lesers wird nicht unterlassen, diese dürftigen Notizen unter sich zu verbinden und sie so zu einem Bild zu ergänzen; nur dass diese Ergänzung ein Spiel der Phantasie, dies Bild ein willkürliches oder unwillkürliches ist. Ist es nicht möglich, Methoden zu finden, die das Verfahren der Ergänzung regeln und begründen? In der pragmatischen Natur derartiger Dinge — denn des Polybius Ausdruck pragmatisch sollte man aufhören zu missachten — liegen Momente, Bedingungen, Nothwendigkeiten, deren Spuren sich, wenn man schärfer hinsieht, vielleicht in Dem wiedererkennen lassen, was uns noch vorliegt; und die hypothetische Linie, die uns jene pragmatische Natur der Dinge zeichnen liess, bestätigt sich dann, indem sich dies oder jenes Bruchstück in diese Linie genau einfügt.

Als es galt, die Kunstgeschichte der Zeit Raphael's und Dürer's zu erarbeiten, da war mit den „Quellen" und der Quellenkritik nicht weit zu kommen, wenn man auch in Vasari u. A. wenigstens für die Italienischen Meister ganz erwünschte äusserliche Nachrichten fand; in ihren und ihrer Deutschen Zeitgenossen Werken lag ein ganz anderes, das eigentliche Material der Forschung vor; ein Material freilich, mit dem ins Reine zu kommen der Forscher ein Rüstzeug besonderer Art brauchte; er musste die Technik des Malens kennen, um die der verschiedenen Maler, ihre Tonfarbe, ihr Helldunkel, ihren Pinselstrich zu unterscheiden; er musste feststellen, wie in Albrecht Dürer's Auge sich die menschliche Gestalt darstellte, um nachweisen zu können, ob jenes Crucifix von seiner Hand ist; er musste einen so zu sagen gelehrten Apparat von Radirungen, Handzeichnungen u. s. w. herbeiziehen, um endlich zu entscheiden, ob jener bedeutende Portraitkopf von Leonardo da Vinci oder von Holbein ist; er musste die Anschauungsweise jener Zeit, den Bereich ihrer allgemeinen Kenntniss, ihre kirchliche und profane Gemeinüberzeugung, ihre locale und Tagesgeschichte gegenwärtig haben, um Das, was in den Kunstwerken dargestellt, was etwa in Nebendingen angedeutet ist, richtig deuten, die tiefere oder flachere Auffassung oder Intention nicht bloss ästhetisch empfinden, sondern überzeugend nachweisen zu können u. s. w.

Wie hier, so überall. Nur die tiefe und vielseitige technische und Sachkenntniss, je nachdem es die Kunst, das Recht, den Handel, das Agrarwesen, oder auch den Staat und die Politik geschichtlich zu erforschen gilt, wird den Forschenden in den Stand setzen, die für den gegebenen Fall geforderten Methoden zu finden und mit ihnen zu arbeiten; eben so wie in den Naturwissenschaften immer neue Methoden gefunden werden, um der stummen Natur ihre Geheimnisse zu entlocken.

Alle solche Methoden, die in dem Bereich der historischen Studien in Anwendung kommen, bewegen sich innerhalb derselben Peripherie, haben denselben bestimmenden Mittelpunkt. Sie in ihrem gemeinsamen Gedanken zusammenzufassen, ihr System, ihre Theorie zu entwickeln und so, nicht die Gesetze der Geschichte, wohl aber die Gesetze des historischen Forschens und Wissens festzustellen, das ist die Aufgabe der Historik.

Ebenfalls im SEVERUS Verlag erhältlich:

Georg Freiherr von Hertling
Historische Beiträge zur Philosophie
Herausgegeben von Dr. J. A. Endres
SEVERUS 2011 / 356 S./ 39,50 Euro
ISBN 978-3-86347-038-8

Georg Freiherr von Hertling war Mitglied der Zentrumspartei, Philosoph und Reichskanzler vom 01. November 1917 bis zum 30. September 1918.

In vorliegendem Werk findet sich eine Auswahl seiner philosophiegeschichtlichen Abhandlungen und Vorträge versammelt. Hertlings detaillierte wie anschauliche Betrachtungen über das Christentum und die griechische Philosophie, Thomas von Aquin, Eicken, Descartes und Kant bieten einen interessanten Einblick in zeitgenössische Denkweisen und sind für Interessierte der Philosophie wie der Zeitgeschichte gleichermaßen höchst lesenswert.

www.severus-verlag.de

Ebenfalls im SEVERUS Verlag erhältlich:

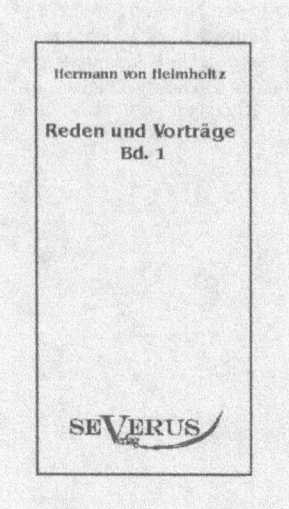

Hermann von Helmholtz
Reden und Vorträge, Bd. 1
Mit einem Vorwort von Sergei Bobrovskyi
SEVERUS 2010 / 408 S./ 29,50 Euro
ISBN 978-3-942382-14-4

Helmholtz – bis heute steht er mit seinem Namen für die gesamte Vielfalt der naturwissenschaftlichen Forschung.

Der vorliegende Band versammelt Vorträge zu verschiedenen Themen, gehalten zwischen 1853 und 1869.

www.severus-verlag.de

Ebenfalls im SEVERUS Verlag erhältlich:

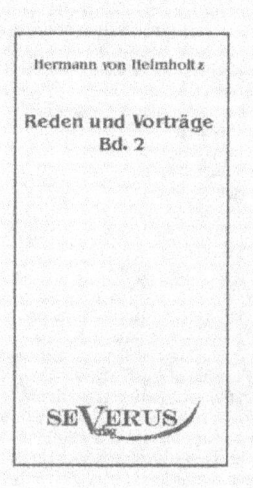

Hermann von Helmholtz
Reden und Vorträge Bd.2
SEVERUS 2010 / 396 S./ 29,50 Euro
ISBN 978-3-942382-16-8

Helmholtz - bis heute steht er mit seinem Namen für die gesamte Vielfalt der naturwissenschaftlichen Forschung.

Der vorliegende Band versammelt Vorträge zu verschiedenen Themen, gehalten zwischen 1870 und 1881.

www.severus-verlag.de

Bisher im SEVERUS Verlag erschienen:

Achelis. Th. Die Entwicklung der Ehe * Die Religionen der Naturvölker im Umriß, Reihe ReligioSus Band V * **Andreas-Salomé, Lou** Rainer Maria Rilke * **Arenz, Karl** Die Entdeckungsreisen in Nord- und Mittelafrika von Richardson, Overweg, Barth und Vogel * **Aretz, Gertrude (Hrsg)** Napoleon I - Briefe an Frauen * **Ashburn, P.M** The ranks of death. A Medical History of the Conquest of America * **Avenarius, Richard** Kritik der reinen Erfahrung * Kritik der reinen Erfahrung, Zweiter Teil * **Beneke, Otto** Von unehrlichen Leuten: Kulturhistorische Studien und Geschichten aus vergangenen Tagen deutscher Gewerbe und Dienste * **Berneker, Erich** Graf Leo Tolstoi * **Bernstorff, Graf Johann Heinrich** Erinnerungen und Briefe * **Bie, Oscar** Franz Schubert - Sein Leben und sein Werk * **Binder, Julius** Grundlegung zur Rechtsphilosophie. Mit einem Extratext zur Rechtsphilosophie Hegels * **Bliedner, Arno** Schiller. Eine pädagogische Studie * **Birt, Theodor** Frauen der Antike * **Blümner, Hugo** Fahrendes Volk im Altertum * **Boos, Heinrich** Geschichte der Freimaurerei. Ein Beitrag zur Kultur- und Literatur-Geschichte des 18. Jahrhunderts * **Brahm, Otto** Das deutsche Ritterdrama des achtzehnten Jahrhunderts: Studien über Joseph August von Törring, seine Vorgänger und Nachfolger * **Brandes, Georg** Moderne Geister: Literarische Bildnisse aus dem 19. Jahrhundert. * **Braun, Lily** Lebenssucher * **Braun, Ferdinand** Drahtlose Telegraphie durch Wasser und Luft * **Brunnemann, Karl** Maximilian Robespierre - Ein Lebensbild nach zum Teil noch unbenutzten Quellen * **Büdinger, Max** Don Carlos Haft und Tod insbesondere nach den Auffassungen seiner Familie * **Burkamp, Wilhelm** Wirklichkeit und Sinn. Die objektive Gewordenheit des Sinns in der sinnfreien Wirklichkeit * **Caemmerer, Rudolf Karl Fritz Die** Entwicklung der strategischen Wissenschaft im 19. Jahrhundert * **Casper, Johann Ludwig** Handbuch der gerichtlich-medizinischen Leichen-Diagnostik: Thanatologischer Teil, Bd. 1 * Bd. 2 * **Cronau, Rudolf** Drei Jahrhunderte deutschen Lebens in Amerika. Eine Geschichte der Deutschen in den Vereinigten Staaten * **Cunow, Heinrich** Geschichte und Kultur des Inkareiches * **Cushing, Harvey** The life of Sir William Osler, Volume 1 * The life of Sir William Osler, Volume 2 * **Dahlke, Paul** Buddhismus als Religion und Moral, Reihe ReligioSus Band IV * **Dühren, Eugen** Der Marquis de Sade und seine Zeit. in Beitrag zur Kultur- und Sittengeschichte des 18. Jahrhunderts. Mit besonderer Beziehung auf die Lehre von der Psychopathia Sexualis * **Eckstein, Friedrich** Alte, unnennbare Tage. Erinnerungen aus siebzig Lehr- und Wanderjahren * Erinnerungen an Anton Bruckner * **Eiselsberg, Anton Freiherr von** Lebensweg eines Chirurgen * **Eloesser, Arthur** Thomas Mann - sein Leben und Werk * **Elsenhans, Theodor** Fries und Kant. Ein Beitrag zur Geschichte und zur systematischen Grundlegung der Erkenntnistheorie. * **Engel, Eduard** Shakespeare * Lord Byron. Eine Autobiographie nach Tagebüchern und Briefen. * **Ewald, Oscar** Nietzsches Lehre in ihren Grundbegriffen * Die französische Aufklärungsphilosophie * **Ferenczi, Sandor** Hysterie und Pathoneurosen * **Fichte, Immanuel Hermann** Die Idee der Persönlichkeit und der individuellen Fortdauer * **Fourier, Jean Baptiste Joseph Baron** Die Auflösung der bestimmten Gleichungen * **Frazer, James George** Totemism und Exogamy. A Treatise on Certain Early Forms of Superstition and Society * **Frey, Adolf Albrecht von** Haller und seine Bedeutung für die deutsche Literatur * **Frimmel, Theodor von** Beethoven Studien I. Beethovens äußere Erscheinung * Beethoven Studien II. Bausteine zu einer Lebensgeschichte des Meisters * **Fülleborn, Friedrich** Über eine medizinische Studienreise nach Panama, Westindien und den Vereinigten Staaten * **Gmelin, Johann George** Quousque? Beiträge zur soziologischen Rechtfindung * **Goette, Alexander** Holbeins Totentanz und seine Vorbilder * **Goldstein, Eugen** Canalstrahlen * **Graebner, Fritz** Das Weltbild der Primitiven: Eine Untersuchung der Urformen weltanschaulichen Denkens bei Naturvölkern * **Griesinger, Wilhelm** Handbuch der speciellen Pathologie und Therapie: Infectionskrankheiten * **Griesser, Luitpold** Nietzsche und Wagner - neue Beiträge zur Geschichte und Psychologie ihrer Freundschaft * **Hanstein, Adalbert von** Die Frauen in der Geschichte des Deutschen Geisteslebens des 18. und 19. Jahrhunderts * **Hartmann, Franz** Die Medizin des Theophrastus Paracelsus von Hohenheim * **Heller, August** Geschichte der Physik von Aristoteles bis auf die neueste Zeit. Bd. 1: Von Aristoteles bis Galilei * **Helmholtz, Hermann von** Reden und Vorträge, Bd. 1 * Reden und Vorträge, Bd. 2 * **Henker, Otto** Einführung in die Brillenlehre * **Henne am Rhyn, Otto** Aus Loge und Welt: Freimaurerische und kulturgeschichtliche Aufsätze * **Jahn, Ulrich** Die deutschen Opfergebräuche bei Ackerbau und Viehzucht. Ein Beitrag zur Deutschen Mythologie und Altertumskunde * **Kalkoff, Paul** Ulrich von Hutten und die Reformation. Eine kritische Geschichte seiner wichtigsten Lebenszeit und der Ent-

www.severus-verlag.de

scheidungsjahre der Reformation (1517 - 1523), Reihe ReligioSus Band I * **Kaufmann, Max** Heines Liebesleben * **Kautsky, Karl** Terrorismus und Kommunismus: Ein Beitrag zur Naturgeschichte der Revolution * **Kerschensteiner, Georg** Theorie der Bildung * **Kotelmann, Ludwig** Gesundheitspflege im Mittelalter. Kulturgeschichtliche Studien nach Predigten des 13., 14. und 15. Jahrhunderts * **Klein, Wilhelm** Geschichte der Griechischen Kunst - Erster Band: Die Griechische Kunst bis Myron * **Krömeke, Franz** Friedrich Wilhelm Sertürner - Entdecker des Morphiums * **Külz, Ludwig** Tropenarzt im afrikanischen Busch * **Leimbach, Karl Alexander** Untersuchungen über die verschiedenen Moralsysteme * **Liliencron, Rochus von / Müllenhoff, Karl** Zur Runenlehre. Zwei Abhandlungen * **Mach, Ernst** Die Principien der Wärmelehre * **Mackenzie, William Leslie** Health and Disease * **Maurer, Konrad** Island von seiner ersten Entdeckung bis zum Untergange des Freistaats * **Mausbach, Joseph** Die Ethik des heiligen Augustinus. Erster Band: Die sittliche Ordnung und ihre Grundlagen * **Mauthner, Fritz** Die drei Bilder der Welt - ein sprachkritischer Versuch * **Meissner, Franz Hermann** Arnold Böcklin * **Meyer, Elard Hugo** Indogermanische Mythen, Bd. 1: Gandharven-Kentauren * **Müller, Adam** Versuche einer neuen Theorie des Geldes * **Müller, Conrad** Alexander von Humboldt und das Preußische Königshaus. Briefe aus den Jahren 1835-1857 * **Naumann, Friedrich** Freiheitskämpfe * **Oettingen, Arthur von** Die Schule der Physik * **Ossipow, Nikolai** Tolstois Kindheitserinnerungen. Ein Beitrag zu Freuds Libidotheorie * **Ostwald, Wilhelm** Erfinder und Entdecker * **Peters, Carl** Die deutsche Emin-Pascha-Expedition * **Poetter, Friedrich Christoph** Logik * **Popken, Minna** Im Kampf um die Welt des Lichts. Lebenserinnerungen und Bekenntnisse einer Ärztin * **Prutz, Hans** Neue Studien zur Geschichte der Jungfrau von Orléans * **Rank, Otto** Psychoanalytische Beiträge zur Mythenforschung. Gesammelte Studien aus den Jahren 1912 bis 1914. * **Ree, Paul Johannes** Peter Candid * **Rohr, Moritz von** Joseph Fraunhofers Leben, Leistungen und Wirksamkeit * **Rubinstein, Susanna** Ein individualistischer Pessimist: Beitrag zur Würdigung Philipp Mainländers * Eine Trias von Willensmetaphysikern: Populär-philosophische Essays * **Sachs, Eva** Die fünf platonischen Körper: Zur Geschichte der Mathematik und der Elementenlehre Platons und der Pythagoreer * **Scheidemann, Philipp** Memoiren eines Sozialdemokraten, Erster Band * Memoiren eines Sozialdemokraten, Zweiter Band * **Schleich, Carl Ludwig** Erinnerungen an Strindberg nebst Nachrufen für Ehrlich und von Bergmann * Das Ich und die Dämonien * **Schlösser, Rudolf** Rameaus Neffe - Studien und Untersuchungen zur Einführung in Goethes Übersetzung des Diderotschen Dialogs * **Schweitzer, Christoph** Reise nach Java und Ceylon (1675-1682). Reisebeschreibungen von deutschen Beamten und Kriegsleuten im Dienst der niederländischen West- und Ostindischen Kompagnien 1602 - 1797. * **Schweitzer, Philipp** Island - Land und Leute * **Sommerlad, Theo** Die soziale Wirksamkeit der Hohenzollern * **Stein, Heinrich von** Giordano Bruno. Gedanken über seine Lehre und sein Leben * **Strache, Hans** Der Eklektizismus des Antiochus von Askalon * **Sulger-Gebing, Emil** Goethe und Dante * **Thiersch, Hermann** Ludwig I von Bayern und die Georgia Augusta * Pro Samothrake * **Tyndall, John** Die Wärme betrachtet als eine Art der Bewegung, Bd. 1 * Die Wärme betrachtet als eine Art der Bewegung, Bd. 2 * **Virchow, Rudolf** Vier Reden über Leben und Kranksein * **Vollmann, Franz** Über das Verhältnis der späteren Stoa zur Sklaverei im römischen Reiche * **Volkmer, Franz** Das Verhältnis von Geist und Körper im Menschen (Seele und Leib) nach Cartesius * **Wachsmuth, Curt** Das alte Griechenland im neuen * **Weber, Paul** Beiträge zu Dürers Weltanschauung * **Wecklein, Nikolaus** Textkritische Studien zu den griechischen Tragikern * **Weinhold, Karl** Die heidnische Totenbestattung in Deutschland * **Wellhausen, Julius** Israelitische und Jüdische Geschichte, Reihe ReligioSus Band VI * **Wellmann, Max** Die pneumatische Schule bis auf Archigenes - in ihrer Entwickelung dargestellt * **Wernher, Adolf** Die Bestattung der Toten in Bezug auf Hygiene, geschichtliche Entwicklung und gesetzliche Bestimmungen * **Weygandt, Wilhelm** Abnorme Charaktere in der dramatischen Literatur. Shakespeare - Goethe - Ibsen - Gerhart Hauptmann * **Wlassak, Moriz** Zum römischen Provinzialprozeß * **Wulffen, Erich** Kriminalpädagogik: Ein Erziehungsbuch * **Wundt, Wilhelm** Reden und Aufsätze * **Zallinger, Otto** Die Ringgaben bei der Heirat und das Zusammengeben im mittelalterlich-deutschem Recht * **Zoozmann, Richard** Hans Sachs und die Reformation - In Gedichten und Prosastücken, Reihe ReligioSus Band III

www.severus-verlag.de

www.ingramcontent.com/pod-product-compliance
Lightning Source LLC
Chambersburg PA
CBHW061354300426
44116CB00011B/2085